Dath | Karl Marx. 100 Seiten

✻ Reclam 100 Seiten ✻

DIETMAR DATH, geb. 1970, ist Journalist sowie Autor von Romanen, Erzählungen, Theaterstücken und Sachbüchern.

Dietmar Dath

Karl Marx. 100 Seiten

Reclam

In Memoriam
Kurt Gossweiler (1917–2017)

2018 Philipp Reclam jun. GmbH & Co. KG,
Siemensstraße 32, 71254 Ditzingen
Umschlaggestaltung: zero-media.net
Umschlagabbildung: FinePic®
Infografik (S. 62 f.): Infographics Group GmbH
Bildnachweis: S. 9 World History Archive / Alamy Stock Foto;
S. 17 CC BY-SA 2.0 / J Brew; S. 93 CC BY-SA 3.0 / Kolossos;
S. 97 CC BY-SA 3.0 / Ferran Cornellà
Druck und Bindung: Canon Deutschland Business Services GmbH,
Siemensstraße 32, 71254 Ditzingen
Printed in Germany 2018
RECLAM ist eine eingetragene Marke
der Philipp Reclam jun. GmbH & Co. KG, Stuttgart
ISBN 978-3-15-020454-2

Auch als E-Book erhältlich

www.reclam.de

Für mehr Informationen zur 100-Seiten-Reihe:
www.reclam.de/100Seiten

Inhalt

Von der Wut zum Wissen

Wie Personen, Gesellschaften und Texte in Bewegung kommen

Der beste Freund, den Karl Marx und seine Lehre jemals hatten, war Friedrich Engels. Was dieser Fabrikantensohn, Soldat, Lebenskünstler und Zukunftsdenker für Marx und dessen Arbeit getan hat, passt in kein Buch. Zehn Bücher könnten es nicht fassen. Warum hat Engels sich so heftig und ausdauernd engagiert? Was hat die Theorie, für die er so viel leistete, umgekehrt für ihn geleistet? 1880, knapp drei Jahre vor dem Tod des Geförderten und Bewunderten, gab der Freund jenem die Begründung seiner Unterstützung schriftlich, im Titel und in den Ausführungen einer Arbeit, die zusammenfassen sollte, was Marx erreicht hatte: »Die Entwicklung des Sozialismus von der Utopie zur Wissenschaft.«

Was das Wort »Wissenschaft« bedeutet, ist klar: Eine gesellschaftliche Veranstaltung, bei der man Aussagen über Sachverhalte mittels Beobachtung, Folgerungen, hypothesengeleitetem Experiment und Gegenproben ermittelt. Wissenschaft zeigt uns die Welt nicht so, wie wir sie gerne hätten oder wie wir fürchten, dass sie schlimmstenfalls sein könnte, sondern so, wie sie mit uns wechselwirkt.

Was aber bedeutet »Utopie«? Beim Gebrauch dieses Wortes gehen Optimismus, Pessimismus (dann oft unter dem Stichwort »Dystopie«) und freie Teilchen realistischer Tatsachenabbildung durcheinander. Das Bedeutungsfeld des Begriffs war stets gleichsam verschmiert: Wo er benutzt wird, weiß man nie sofort, ob ein literarischer Text aus dem 16. oder 20. Jahrhundert gemeint ist, ein politisches Wunschprogramm junger Leute, die den Platz vor einer Bank blockieren, oder eine komplizierte Idee, in deren Zeichen der Philosoph Ernst Bloch (1885–1977) versuchte, alles, was ihm irgendwie sympathisch war, von der Bergpredigt bis zur Forschungsfreiheit, unter einen begrifflichen Hut zu zwingen.

Mit 14 war ich Utopist, ohne zu wissen, was das ist. Ich wollte, dass nichts mehr so sein sollte wie da, wo ich leben musste. Alles sollte anders sein, am besten so, wie es noch nie irgendwo gewesen war, nur am Nicht-Ort des Denkens, was die wörtliche Bedeutung der griechischen Wortfügung »Ou-Topos« ist.

Mit 15 war ich schon kein Utopist mehr. Das lag aber nicht, wie man vielleicht vermutet, weil das ein naheliegender Dreh für die Einleitung eines kleinen Büchleins über Marx wäre, an Marx und seinen Schriften.

Wenn man jung ist, verschafft man sich Bewegung, wo man kann. Das Leben wird interessanter, wenn auch nicht bequemer, sobald man sich auf Anstrengungen einlässt, ein neues Gesellschaftssystem durchzusetzen: »Sozialismus«, das klang konkreter als der Nicht-Ort. Bald wurde ich Zeuge einer spektakulären Niederlage jener Anstrengungen: Große Staaten, die sich auf Marx berufen hatten, ließen das fortan bleiben und lösten sich in unübersichtliche Verhältnisse auf.

Für mich persönlich war es zu spät, abzuspringen, Marx hatte mich schon überzeugt.

Ein Kommunist schrieb mir neulich eine E-Mail, weil ich mit ihm und anderen eine Diskussion darüber angefangen hatte, wie und warum sich verschiedene Leute zu verschiedenen Zeiten unter verschiedenen Umständen von Marx überzeugen ließen. Der Kommunist seufzte schriftlich, das habe oft nicht nur mit Inhalten zu tun, sondern mit der »Heroisierung von gewesenen Kämpfen«, der »Ikonisierung unserer Heldinnen und Helden usw.«, also mit linker Romantik. Der Genosse bekannte:

Die meisten von uns sind nicht Kommunisten geworden, weil sie den 18. Brumaire gelesen haben, sondern weil sie sich über die Menschenschinderei und den Schlachthof Geschichte aufgeregt haben.

Die Anspielung auf den »18. Brumaire« bezieht sich auf ein Buch von Marx über ein seinerzeit aktuelles Ereignis: Am 2. Dezember 1851 hatte ein Verwandter des toten Kaisers Napoleon, der »Rechtspopulist« (wie man heute sagen würde) Louis Bonaparte, sich in einem Staatsstreich Frankreich unter den Nagel gerissen, ein Ergebnis der revolutionären Unruhen, die ganz Europa um 1848 erfasst hatten.

Vergleicht man die Schrift, die Marx dieser Neuigkeit widmete, mit der Art, wie solche Ereignisse rund 150 Jahre später in politischen Kommentaren diskutiert werden, fallen starke Unterschiede auf – ein inzwischen schon wieder aus dem Weltmedienbewusstsein verschwundener Vorgang kann das verdeutlichen: Der Putschversuch in der Türkei im Sommer 2016 war für die meisten Menschen, die mit Hilfe elektronischer Massenmedien im Minutentakt auf den neuesten Stand gebracht wurden, eine Art Zuschauersportereignis, bei dem man Wetten darüber abschließen kann, wie es ausgehen wird. Wenn die Militärs gewinnen, wird die islamistische Tendenz im Land dann vielleicht schwächer, mit der Präsident Erdogan kokettiert? Wenn Erdogan gewinnt, wird dann wenigstens eine stabile Ordnung einkehren?

Dies war genau die Art von Gedanken, die Marx sich nicht machte, als Louis Bonaparte die Macht ergriff. Für ihn ging es nicht um Wettquoten, sondern ums Ganze, um seine eigene Sache und das Schicksal der politischen Bewegung, der er angehörte.

Das Ende der französischen Republik, das da in die Diktatur mündete, war in der Perspektive dieser Bewegung nur der scheußliche Höhepunkt einer Reihe von reaktionären Taten der besitzenden Klassen in Frankreich. Noch 60 Jahre früher, in der berühmten großen französischen Revolution, waren aus den Reihen des dortigen Bürgertums die entschiedensten Denker und Anstifter der Abschaffung des Feudalismus und der Monarchie hervorgegangen.

Was Marx die »absteigende Linie« seit jener Revolution nannte, analysierte er im *18. Brumaire des Louis Bonaparte* schon im Titel als Bestandteil eines Epochenzusammenhangs: Die Revolution hatte einen neuen Kalender geschaffen, und der 18. des Monats Brumaire im Jahr acht dieses neuen Kalenders (nach der vorher und nachher geltenden Rechnung also der 9. November 1799) war der Tag gewesen, an dem Napoleon Bonaparte, der Onkel des späteren Putschisten, den nicht mehr regierungsfähigen Resten der revolutionären Staatsgewalt die Macht entrissen hatte. Marx macht mit seinem Titel einen bösen Witz: Was Napoleon getan hatte, war noch ein Akt der Größe gewesen, Schicksalsmoment einer grandiosen sozialen Umwälzung, mit dem verglichen der Regierungsantritt des Neffen aussah wie eine Karikatur neben einer Heldenbüste. Dies, urteilte Marx, lag daran, dass jenes revolutionäre Bürgertum einen Niedergang hinter sich hatte, an dessen Tiefpunkt ein Gauner wie dieser Louis Bonaparte mit seinen letzten Resten spielend fertig wurde.

Marx war fest entschlossen, andere dazu zu bewegen, Konsequenzen aus seiner Analyse zu ziehen. Das allein schon hebt seinen Stil und seine Herangehensweise deutlich davon ab, wie heute öffentliche Erörterungen von Tatsachen wie »Es wurde da oder dort geputscht« oder »Ein Tyrann im arabischen Raum ist gestürzt worden« aufgebaut sind. Kommentare beziehen Ereignisse heutzutage selten auf ihre Voraussetzungen im Bereich der Absichten und Interessen, ein schlüssiges Gesellschafts- und Geschichtsbild wird nicht vorausgesetzt, derlei gilt als ideologisch verbohrt. Marx setzte ein solches Bild aber voraus. Ihm war klar: Gesellschaftliche, menschengeschaffene Sachverhalte bestehen zu einem nicht geringen Teil gerade aus Hoffnungen und Ängsten der Beteiligten. Sie sind das, was unsere Handlungen miteinander vermittelt, einen Zusammenhang zwischen ihnen herstellt.

In der E-Mail meines kommunistischen Bekannten wird eine Unterscheidung angedeutet, die nahelegt, es gäbe auf der einen Seite Empörung, Verurteilung der schlechten Welt, und auf der anderen Seite das Lesen und Denken sowie die Schriften, die zu beidem einladen. Diese zwei Seiten aber stehen einander in Wirklichkeit nicht getrennt gegenüber, es gibt den

Unterschied nur als gewaltsam fixierten. Gerade der *18. Brumaire* zum Beispiel, so knapp und klar er ist, lebt von Empörung und Verurteilung der Vorgänge, die er erklären will. Marx hat auf erfreuliche wie schlechte Nachrichten häufig mit dem Verfassen von Gebrauchstexten für politische Organisationen reagiert, etwa den Bund der Kommunisten oder die Erste Internationale Arbeiterassoziation. Es galt in solchen Momenten, unter Zeitdruck Übersicht herzustellen, damit man wusste, in was man sich einmischen sollte.

Der beste dieser interventionistischen Texte – man könnte sie auch »XXL-Flugblätter« nennen – entstand rund 20 Jahre nach dem Staatsstreich des Louis Napoleon, als der deutsch-französische Krieg die französische Regierung so sehr schwächte, dass es zu einem sozialistischen Aufstand kam. Den Aufständischen gelang in Paris die Errichtung einer revolutionären Minirepublik, die von Mitte März bis Ende Mai 1871 überlebte. Dann wurde sie blutig niedergeschlagen. Marx aber verstand sie als dringende Anregung dazu, seine Vorstellungen davon, was nach der Abschaffung der kapitalistischen Wirtschaftsweise und des sie schützenden Staates kommen sollte, präzisierend zu erläutern.

Das Alte beseitigen und das Neue errichten sollte dabei »die Arbeiterklasse«, eine gesellschaftliche Gruppe, die Marx auch »das Proletariat« nannte. Dieser lateinische Ausdruck ist abgeleitet von *proles*, »die Nachkommen«, womit im Altertum die ärmsten Einwohner Roms gemeint waren, weil sie nichts besaßen als ihre Kinder.

Marx wusste, dass sein modernes »Proletariat« durchaus mehr hatte als Kinder, nämlich vor allem das abstrakte Gut, von dessen Verkauf es lebte: seine Arbeit, genauer: seine Arbeitskraft (da diese Menschen nicht selbst bestimmen, was sie arbeiten, wenn sie ihre Kraft verkaufen, kann man schlecht sagen, ihre Arbeit gehöre ihnen).

Auch anderen als Marx war aufgefallen, dass diesem Proletariat die berühmte Erklärung der Menschen- und Bürgerrechte im Zuge der Revolution durch die französische Nationalversammlung am 26. August 1789 keine grundsätzliche Erleichterung seiner harten Lebensbedingungen eingebracht hatte.

Der Sinn jener Menschenrechtserklärung war bekanntlich die Abschaffung des mittelalterlichen Ständerechts, der feudalen Ordnung gewesen, in der es beispielsweise bei Straftaten für das Individuum einen Riesenunterschied machte, ob es von Menschen mit Grundbesitz und Titeln oder von »gemeinen Leuten« abstammte. Rechtsunterschiede nach Geburt sollten nach der Menschenrechtserklärung nicht mehr gelten, alle Menschen vielmehr zunächst einfach Franzosen und dann, falls sich die neue Rechtsform auf der ganzen Welt durchsetzen ließ, Exemplare der Menschengattung sein. Schön gedacht – aber das neue System, das den freien Wettbewerb bei der Jagd nach dem persönlichen Glück garantieren sollte, ließ sich nicht ohne Widersprüche verwirklichen.

Die neue, kompliziertere Welt, die mehr individuelle Beweglichkeit außerhalb der Geburtsmilieus gestattete, verlangte zunächst vor allem ein größeres Ausmaß an Verwaltungsaufwand. Es ist wie im Straßenverkehr: Sobald man Autos hat, braucht man mehr Regeln und Schilder sowie Kontrolle; Autoverkehr kann größeren Schaden anrichten als Fußgänger- oder Pferdeverkehr. Mehr Gleichheit hieß also paradoxerweise: mehr Staat. Unmöglich wurde hingegen, dass man sein Leben genügsam neben dem Mitmenschen her lebte und auf einem von Geburt an festliegenden Platz ein Auskommen fand. Stattdessen musste man sich jetzt in der Konkurrenz behaupten, und da ging's ruppig zu.

Intellektuelle, die mit dem neuen Zustand unzufrieden waren, konzentrierten sich bei ihrer Kritik in den folgenden Jahrhunderten meist auf die beiden genannten Punkte, auf den Staat und die Konkurrenz. Der Wunsch, den Staat loszuwerden, brachte die Lehre von der Welt ohne Herrschaft hervor, den Anarchismus, und der Wunsch, die Konkurrenz loszuwerden, erzeugte die Lehre vom gemeinschaftlichen Wirtschaften, den Sozialismus oder Kommunismus.

Marx sah die Sache anders: Für ihn waren der Widerspruch zwischen dem Individuum und dem Staat wie auch der Widerspruch zwischen Mensch und Mensch in der Konkurrenz nur Nebeneffekte eines tiefer liegenden Widerspruchs, nämlich desjenigen zwischen zwei gesellschaftlichen Gruppen, die einander auf verdeckte Weise ebenso feindlich gegenüberstanden, wie das die Adligen und die Gemeinen im Feudalismus offen getan hatten.

Die eine Gruppe war das Proletariat. Die andere bildeten diejenigen, deren juristisch und ökonomisch spezielle Form von Besitz ihnen erlaubte, die Arbeitskraft der ersten Gruppe zu kaufen. Diese Form von Besitz nannte Marx »Kapital«. Damit ist also nicht einfach »Reichtum« gemeint – ein reicher Adliger, der keine Arbeitskraft kaufen muss, weil ihm Land und Leibeigene gehören, ist bei Marx kein Kapitalist, ein reicher Sklavenhalter, der ebenfalls keine Arbeitskraft kauft, weil die Sklaven sein Eigentum sind, ist auch keiner, und ein reicher Müßiggänger, der ein gegebenes Vermögen verprasst, wird auch im blühendsten Kapitalismus für Marx nie zum Kapitalisten. Entgegen einem verbreiteten Klischee hat Marx nicht besonders viel gegen Leute der letztgenannten Kategorie; er deu-

Marx und Engels in schweren Auseinandersetzungen
beim Haager Kongress 1872

tet sogar an, dass ihr Luxusleben sein Gutes habe, weil es unter
Umständen das Bedürfnisniveau der Gesamtgesellschaft hebt,
die Kochkunst oder andere Künste verfeinert und so fort.

Weil das fortbestehende gesellschaftliche Unrecht im nicht
mehr feudalen Gesellschaftszustand für Marx seine Wurzel im
Widerspruch zwischen Kapital und Arbeit hat, und weil dar-
überhinaus das Kapital den Nutzen aus diesem Widerspruch
zieht, während das Proletariat die Verliererkarte gezogen hat,
gleichzeitig jedoch für das Funktionieren des Ganzen uner-

lässlich ist, postulierte Marx, dass niemand anders als dieses Proletariat die Klassenordnung beseitigen konnte: alle Formen von Unterdrückung, Ausgrenzung, Ausbeutung, Einschließung, kurz: »die ganze alte Scheiße« (so nannten das Engels und er in ihrem Buch *Die deutsche Ideologie*). Eine gewissermaßen geschichtsphilosophische Rolle des Proletariats war damit fixiert, zunächst in der Theorie. Die Pariser Ereignisse von 1871 nun zeigten Marx, dass sein deduktiv ermitteltes politisches Subjekt, wie er im Essay über den *Bürgerkrieg in Frankreich* schrieb, »nicht die fertige Staatsmaschinerie einfach in Besitz nehmen und diese für ihre eignen Zwecke in Bewegung setzen« konnte. »Die zentralisierte Staatsmacht«, stellte er klar,

mit ihren allgegenwärtigen Organen stehende Armee, Polizei, Bürokratie, Geistlichkeit, Richterstand, Organe, geschaffen nach dem Plan einer systematischen und hierarchischen Teilung der Arbeit – stammt her aus den Zeiten der absoluten Monarchie, wo sie der entstehenden Bourgeoisgesellschaft als eine mächtige Waffe in ihren Kämpfen gegen den Feudalismus diente. Dennoch blieb ihre Entwicklung gehemmt durch allerhand mittelalterlichen Schutt, grundherrliche und Adelsvorrechte, Lokalprivilegien, städtische und Zunftmonopole und Provinzialverfassungen. Der riesige Besen der französischen Revolution des 18. Jahrhunderts fegte alle diese Trümmer vergangner Zeiten weg und reinigte so gleichzeitig den gesellschaftlichen Boden von den letzten Hindernissen, die dem Überbau des modernen Staatsgebäudes im Wege gestanden. Dies moderne Staatsgebäude erhob sich unter dem ersten Kaisertum, das selbst wieder erzeugt worden war durch die Koalitionskriege des alten halbfeudalen Europas gegen das moderne

Frankreich. Während der nachfolgenden Herrschaftsformen wurde die Regierung unter parlamentarische Kontrolle gestellt, d. h. unter die direkte Kontrolle der besitzenden Klassen. Einerseits entwickelte sie sich jetzt zu einem Treibhaus für kolossale Staatsschulden und erdrückende Steuern und wurde vermöge der unwiderstehlichen Anziehungskraft ihrer Amtsgewalt, ihrer Einkünfte und ihrer Stellenvergebung der Zankapfel für die konkurrierenden Fraktionen und Abenteurer der herrschenden Klassen – andrerseits änderte sich ihr politischer Charakter gleichzeitig mit den ökonomischen Veränderungen der Gesellschaft. In dem Maß, wie der Fortschritt der modernen Industrie den Klassengegensatz zwischen Kapital und Arbeit entwickelte, erweiterte, vertiefte, in demselben Maß erhielt die Staatsmacht mehr und mehr den Charakter einer öffentlichen Gewalt zur Unterdrückung der Arbeiterklasse, einer Maschine der Klassenherrschaft. Nach jeder Revolution, die einen Fortschritt des Klassenkampfs bezeichnet, tritt der rein unterdrückende Charakter der Staatsmacht offner und offner hervor.

Eben das war im 20 Jahre vor der Kommune erfolgten Staatsstreich des Louis Napoleon geschehen, der Marx damals zur Niederschrift des *18. Brumaire* veranlasst hatte. Die Kommune jedoch war etwas Neues, keine Fortsetzung der »absteigenden Linie« seit der Revolution von 1789, sondern ein Bruch mit ihr und der Beginn einer neuen Linie zugleich.

Diese Neuigkeit, so Marx, brach

aus den durch allgemeines Stimmrecht in den verschiedenen Bezirken von Paris gewählten Stadträten. Sie waren verantwortlich und jederzeit absetzbar. Ihre Mehrzahl bestand selbstredend aus Arbeitern oder anerkannten Vertretern der Arbeiterklasse. Die Kommune sollte nicht eine parlamentarische, sondern eine arbeitende Körperschaft sein, vollziehend und gesetzgebend zu gleicher Zeit. Die Polizei, bisher das Werkzeug der Staatsregierung, wurde sofort aller ihrer politischen Eigenschaften entkleidet und in das verantwortliche und jederzeit absetzbare Werkzeug der Kommune verwandelt. Ebenso die Beamten aller andern Verwaltungszweige. Von den Mitgliedern der Kommune an abwärts, mußte der öffentliche Dienst für Arbeiterlohn besorgt werden. Die erworbnen Anrechte und die Repräsentationsgelder der hohen Staatswürdenträger verschwanden mit diesen Würdenträgern selbst. Die öffentlichen Ämter hörten auf, das Privateigentum der Handlanger der Zentralregierung zu sein. Nicht nur die städtische Verwaltung, sondern auch die ganze, bisher durch den Staat ausgeübte Initiative wurde in die Hände der Kommune gelegt. Das stehende Heer und die Polizei, die Werkzeuge der materiellen Macht der alten Regierung einmal beseitigt, ging die Kommune sofort darauf aus, das geistliche Unterdrückungswerkzeug, die Pfaffenmacht, zu brechen; sie dekretierte die Auflösung und Enteignung aller Kirchen, soweit sie besitzende Körperschaften waren. Die Pfaffen wurden in die Stille des Privatlebens zurückgesandt, um dort, nach dem Bilde ihrer Vorgänger, der Apostel, sich von dem Almosen der Gläubigen zu nähren. Sämtliche Unterrichtsanstalten wurden dem Volk unentgeltlich geöffnet und gleichzeitig von aller Einmischung des Staats und der Kirche gereinigt. Damit war nicht nur die Schulbildung für jedermann zugänglich gemacht, sondern auch die Wissenschaft selbst von den ihr durch das Klassenvorurteil und die Regierungs-gewalt auferlegten Fesseln befreit. Die richterlichen Beam-ten verloren jene scheinbare Unabhängigkeit, die nur dazu gedient hatte, ihre Unterwürfigkeit unter alle aufeinander-folgenden Regierungen zu verdecken, deren jeder sie, der Reihe nach, den Eid der Treue geschworen und gebrochen hatten. Wie alle übrigen öffentlichen Diener, sollten sie fer-nerhin gewählt, verantwortlich und absetzbar sein.

Marx begrüßte alle diese Maßnahmen enthusiastisch. Sie nah-men vorweg, was er für die ganze Welt erreichen wollte. Das Ziel gehörte zu seinen Kernabsichten, seit er 30 Jahre früher gemeinsam mit seinem Freund Engels vom klassischen bür-gerlichen Liberalismus zu einer politischen Richtung überge-gangen war, die man »Kommunismus« nannte (und die es al-so, was heute wenige wissen, schon gegeben hatte, bevor Marx und Engels sich zu ihr gesellten).

Die Idee, mit der sie Kommunisten wurden, und die Marx nun, ein Menschenalter später, in Paris in die Tat umgesetzt sah, hat Engels weitere 20 Jahre nach der Kommune in einem Vorwort zum Bürgerkriegs-Buch seines verstorbenen Freun-des wiederholt: »Der deutsche Philister ist neuerdings wieder in heilsamen Schrecken geraten bei dem Wort: Diktatur des Proletariats. Nun gut, ihr Herren, wollt ihr wissen, wie diese Diktatur aussieht? Seht euch die Pariser Kommune an. Das war die Diktatur des Proletariats.«

Zweierlei Wut

Kann jemand, der Aufstände begrüßt, eine Diktatur fordert, Philister erschreckt und sich nicht scheut, die seit Urzeiten bestehende gesellschaftliche Wirklichkeit als »die ganze alte Scheiße« zu beschimpfen, eine Wissenschaft begründen, sei es nun die des Sozialismus oder sonst eine? Mein kommunistischer Bekannter hat ja recht: Es sind nicht Texte von Marx, sondern Unzufriedenheiten, die Menschen normalerweise in den Denk- und Handlungshorizont linker Überzeugungen schleudern – manchmal zum Anarchismus, manchmal zum Kommunismus, manchmal zu Occupy und manchmal zu einer bescheiden mühsamen Arbeit als Rechtsanwältin für Flüchtlinge ohne Papiere. Selbst bei Marx gab es, wie ich gezeigt habe, diese Erregungszustände; seine Arbeit war durchaus Nervensache.

Wie hängen diese Nerven aber mit seinen Analysen zusammen? Warum reicht es manchen Menschen nicht, ihr Unbehagen am Gemeinwesen in einer Krawalldemo, einem Songtext, einem Graffito oder einer anderen spontanen Verausgabung der Affekte zu entladen?

Ich selbst bin von der beschriebenen Affektspannung nicht an der Hand von Karl Marx abgekommen, sondern aus einem anderen Grund. So, wie Marx auffiel, dass es unter angeblich seit 1789 gleichgestellten Menschen, die allesamt keine Adligen sind, zwei verschiedene Sorten Teilnahme an der Produktion der gesellschaftlich benötigten Güter und Dienstleistungen gibt, so gibt es, lernte ich mit etwa 16 Jahren, nicht nur eine, sondern mindestens zwei Sorten Wut, die heiße und die kalte.

Menschen werden wütend, wenn ihnen etwas Unlust bereitet oder eine erhoffte Lust verwehrt. Manchmal reicht schon die Befürchtung, dass es so kommen könnte. Dass wir Menschen bei Unlust, verwehrter Lust oder Angst vor einem von beidem wütend werden, ist für Hordentiere wie uns ein von der Evolution nützlich eingerichteter Umstand.

Wenn es andere unseresgleichen sind, die uns Unlust bereiten oder Lust verweigern, können Aggression und das aggressive Gebaren, das aus Wut entsteht, die Verursacher unserer Unlust oder Angst zur Korrektur ihres Verhaltens zwingen. Wenn wir Pech haben, entsteht daraus allerdings wieder Wut bei jenen; das Resultat ist im schlimmsten Fall die berühmte Gewaltspirale, auch als Teufelskreis bekannt.

Mit 13, 14 Jahren, als ich die Begeisterung für Utopien gerade verlor, war ich an Schultagen zwischen 8 und 14 Uhr oft genug wütend. Das lag außer an pubertätstypischen Stimmungsschwankungen an besonderen Umständen, durchaus objektiv messbaren, die auch Eltern und anderen Leuten auffielen, die meine Schule nicht besuchten. Wir hatten es da mit einer im Umlandvergleich überproportional hohen Anzahl von problematischen Lehrerinnen und Lehrern zu tun, Alkoholikern, Depressiven, Cholerikern, Esoterikern, die mangelnde Lernerfolge bei den ihnen anvertrauten jungen Menschen als persönliche Beleidigungen empfanden. Ihre Vergeltungsmaßnahmen schonten die Kinder vermögender oder einflussreicher Eltern mit nachtwandlerischer Sicherheit. Bei denen, die nicht geschont wurden, kam daher Wut auf; zunächst heiße.

Heiße Wut ist Erregung, die zwar die Quelle des Übels erkennt, das sie reizt, aber nicht weiter denken kann als bis zum unmittelbaren Gegenschlag. Heiße Wut war das, was uns dazu aufstachelte, im Unterricht Lärm zu schlagen, das verhasste pädagogische Personal bei Zufallsbegegnungen in der Stadt zu verhöhnen, seine Autos oder Fahrräder zu beschädigen und ähnliche alberne bis ernsthaft destruktive Angriffe mehr zu riskieren, die natürlich ständig mit Niederlagen endeten, nämlich Strafen, Schwierigkeiten zuhause, Schadensersatz usw. Wenn die Wut nicht abebbte (wie sollte sie, die Anlässe bestanden weiter), konnte das zu folgenreich verpfuschten Erziehungslaufbahnen führen, zum Sitzenbleiben beispielsweise, zu Schulverweisen und anderen Erlebnissen, die das Leiden verlängerten und verschärften.

Wut, die zwischen unartikulierbarem Groll und unpräzisen Gegenschlägen hin und her schwingt, kannte auch Karl Marx, nicht nur in Jugendjahren (die bei ihm vergleichsweise behütet und sorgenfrei waren).

Als linker Oppositioneller im Mitteleuropa des 19. Jahrhunderts musste er harte Schläge einstecken, von der unmöglich gemachten akademischen Karriere, zu der ihm auch seine offensichtliche intellektuelle Begabung nicht verhelfen konnte, über Zensurmaßregeln gegen Zeitungen, bei denen er schrieb, weil er nicht Professor werden konnte, bis hin zu erzwungenen Wohnungswechseln wegen staatlicher Verfolgung, die ihn erst nach Paris jagte, wo ihn die preußische Regierung anschwärzen ließ, dann nach Brüssel, wo er blieb, bis ihn auch Belgien auswies, so dass er zurück nach Paris und endlich nach London übersiedelte, wo er an seinem Hauptwerk arbeitete, bis er starb.

Auf seinem teils krummen, teils gezackten Weg musste Marx mit seiner Familie, also Frau und Töchtern, ein finanziell unsicheres und gesundheitsschädigendes Leben führen, das

Der Lesesaal der alten British Library, Marx' Arbeitsplatz

ihm unter anderem Karbunkel (die aus Haarwurzelproblemen und Furunkeln entstehen) bescherte.

Dieses spezielle körperliche Leiden befeuerte seine Wut auf die herrschenden Gewalten, denen er die Schuld an seiner prekären Existenz gab, so sehr, dass er mit grimmigem Humor im Juni 1867 an Engels schreiben konnte: »Jedenfalls hoffe ich, dass die Bourgeoisie ihr ganzes Leben lang an meine Karbunkeln denken wird. Welche Schweinhunde es sind, jetzt wieder neue Probe!«

So arg die heiße Wut in solchen Momenten in ihm geglüht haben muss, die kalte lag ihm näher. »Kalte Wut« nenne ich einen Zustand der Unzufriedenheit über Leiden und ausbleibendes Vergnügen, der zum kühlen, auf langfristigen Erfolg angelegten Plan aushärtet, statt sich in spontanen Eruptionen zu verausgaben.

Persönlich begegnet bin ich dieser kalten Wut das erste Mal bei Freundinnen und Freunden an der unerfreulichen Schule, von der ich schon berichtet habe. Die machten sich klar: Arrest, schlechte Noten und Sitzenbleiben verbessern die Situation nicht. Besser war der Zusammenschluss mit anderen, um einander bei Laune zu halten, oder ein Überlebensplan (etwa: die Schule wechseln, zu Verwandten anderswo ziehen). Am besten war strategisches Handeln: Herausfinden, ob die Gegenseite irgendwelche Regeln befolgte, die man gegen sie nutzen konnte. Tatsächlich muteten sich die Problemlehrerinnen und -lehrer zum Beispiel ungern selbst die Zusatzarbeitszeit der Arrestüberwachung zu, was sich ausnutzen ließ, oder sie lagen untereinander in Streit, den man für Schaukelpolitik instrumentalisieren konnte, und dergleichen mehr.

Die Lehre lag auf der Hand: Heiße Wut beißt und schreit wider das Übel, kalte lernt und versteht, um das zu ändern oder abzuschaffen, was sie provoziert hat.

Nicht alle vollzogen diesen Schritt mit. Ich erinnere mich an einen nicht unsympathischen Mitschüler, der nie bereit war, seine Wut abkühlen zu lassen. Er fand, dass jeder Versuch, die Beweggründe der Gegenseite zu verstehen, letztlich darauf hinauslaufen müsse, ihr bis zu einem gewissen Grad zu vergeben. Diskussionen auf dem Pausenhof, die zum Beispiel um die Unterscheidung zwischen Verrückten, Alkoholikern und Überforderten kreisten, sabotierte er mit Worten wie: »Ich will nicht wissen, ob der Typ ein Alkoholiker ist, er ist ein Drecksack!«

Das beleidigende Wort brachte denselben Furor zum Ausdruck, der die Formulierung »Schweinhunde« im Brief von Marx an Engels ausgelöst hat. Aber es ignoriert, was ich damals nur spürte und nicht artikulieren konnte: Wenn wir wissen, dass ein Lehrer ein Alkoholiker ist, und Beweise dafür finden, die wir unseren Eltern vorlegen können, haben wir einen Hebel gegen ihn gefunden.

Verständnis muss nicht versöhnlich gemeint sein. Im Gegenteil, so lernte ich später, sind es oft die allerunversöhnlichsten Gegnerinnen und Gegner eines Missstandes, die sich ums Verständnis der Situation, ihre logische Zergliederung und historische Erklärung die allergrößten Verdienste erwerben, weil kalte, aber große Wut ihnen die Kraft dazu verleiht.

Zwei der beeindruckendsten Beispiele hierfür, auf die ich im Folgenden aus Kontrast- und Vergleichsgründen bei der Erläuterung des Lebens- und Denkweges von Marx hin und wieder zurückkommen werde, fand ich bei einem schwarzen Mann, der heroisch gegen den Rassismus gekämpft hat, und bei einer weißen Frau, die sich zeitlebens auf einem besonders ungemütlichen Terrain gegen männliches Dominanzgehabe behaupten konnte.

Das Übel verstehen, statt es nur zu hassen

Mein erster Beleg stammt von einem der entschlossensten Feinde des rassistischen Unrechts in den USA des 19. Jahrhunderts, Frederick Douglass (1817/18–1895). Diesem schwarzen Bürgerrechtler war eine erschütternd nüchterne Bezeichnung für den Kern dieses Unrechts eingefallen, die Sklaverei:

1864 nannte er sie im Rahmen einer knappen Analyse ihrer Funktion beim Aufstieg der USA zum modernen Staat ein »Baugerüst« der »erhabenen Struktur« dieses Staates. Eine Maschinerie, die ungezählte Leiber zerbrochen, unermessliches Leid verursacht hatte, sollte ein »Baugerüst« sein? Sklaverei, dieses »scaffolding«, schrieb Douglass, sei eine Vorrichtung, welche die Gründerväter der neuen Nation nicht rasch genug beseitigt hätten, auch wenn ihnen wohl klar gewesen sei, dass dieses Gerüst »beseitigt werden muss, sobald der Bau steht.«

Eine Unterdrückungseinrichtung mit der Kälte und Ruhe anzusehen, die darin ein »Baugerüst« erkennen kann, dürfte nicht vielen gelungen sein, die im Kampf um die Rechte der Versklavten standen. Douglass bewies damit einen Weitblick, der sich sogar als Vorhersage des historischen Moments im Sommer 2016 auslegen lässt, in dem Michelle Obama, die Gattin des ersten schwarzen Präsidenten der USA, davon sprach, was für sie das deutlichste Sinnbild historischen Fortschritts sei: die Tatsache, dass das Weiße Haus, der repräsentative Sitz des Präsidenten, einerseits einst auch mittels Sklavenarbeit errichtet worden war, und andererseits rund 150 Jahre später im selben Haus jemand das höchste Amt des Staates wahrnahm, in dem er seinerzeit nicht einmal die primitivsten Bürgerrechte hätte genießen dürfen. Mit dem Satz vom Baugerüst war indes mehr als eine Prophetie ausgesprochen, nämlich ein Gedanke, der Douglass und andere seiner Geisteshaltung von der Idee Abstand nehmen ließ, die Nachfahren der Menschen, welche die grauenvolle und mörderische Verschleppung überlebt hatten, mit der rechtlose Arbeitskräfte nach Amerika gebracht worden waren, sollten in die Herkunftsländer ihrer Familien zurückkehren. Douglass hielt stattdessen dafür, sie sollten ihr Glück in dem Land machen dürfen, das sie mit aufgebaut hatten. Dessen Reichtum war auf ungerechte Weise entstanden, aber da er nun einmal erwirtschaftet worden war, sollte der Zwang aufhören.

Mein von heißer Wut beherrschter Mitschüler hätte das Wort »Baugerüst« wohl eine obszöne Verharmlosung gefunden. In dem sorgfältig konstruierten Argument, das Douglass vorbrachte, wies das Wort jedoch auf eine historische Entwicklung hin, um klarzustellen, dass Gründe, die ein Unrecht scheinbar rechtfertigen, weil sie es objektiv bedingen, im Verlauf der Geschichte entfallen können, und dass man die Chance, in diesem Moment das Unrecht abzuschaffen, nutzen muss. Nichts anderes meint Friedrich Engels mit seinem berühmten Satz »Freiheit ist die Einsicht in die Notwendigkeit«: Wer frei sein will, muss die Bedingungen kennen, die eine vorhandene Unfreiheit ermöglicht haben, und dann diejenigen, die nicht (mehr) notwendig sind, von den andern trennen, um das nicht Notwendige abzuschaffen.

Im selben Jahr, in dem Douglass den Satz vom Baugerüst verfasste, schrieb Marx einen offenen Brief an den amerikanischen Präsidenten Abraham Lincoln (1809–1865). Der musste damals einen Bürgerkrieg zur Bewahrung seines föderalen Flächenstaats führen. Die Herrschenden im Süden wollten ihre Sklaven behalten, während Lincoln im Sinn hatte, jenen Entrechteten mehr (wenn auch längst nicht alle) Bürgerrechte zuzugestehen.

Der Brief, den Marx dem Präsidenten schrieb, versicherte diesen der Bereitschaft der Arbeiterbewegung in Europa, ihren Teil zu seinem Sieg beizutragen. Marx bot nichts Geringeres an als die Disziplin der kalten Wut dieser Arbeiterbewegung, die Bereitschaft, die Zähne zusammenzubeißen und eigene Nachteile zu ertragen, die der Kampf gegen das Unrecht mit sich bringt, den andere anderswo führen.

Außer vernünftiger Bestandsaufnahme der Lage und Geduld bei der Arbeit an deren Veränderung verlangt die Abkühlung der Wut ja oft weitere Frustrationen von den kalt Wütenden – vor allem, dass sie nicht nur erkennen, was notwendig ist an ihrer Lage und was nicht, sondern auch aushalten, was am Übergang vom Schlechten zum Besseren unangenehm, aber nun mal ebenfalls notwendig ist. Im Fall der Solidarität mit den Sklaven hieß das für europäische Arbeiter zum Beispiel das Ertragen vorübergehender Baumwollknappheit. Billige Baumwolle hatte es für europäische Besitzlose nur gegeben, solange die Sklaven auf den Baumwollplantagen schufteten. Aufgeklärt über diese Zusammenhänge, schrieb Marx an Lincoln also unter anderem zwei wichtige Sätze – einen sehr langen und einen weniger langen. Der lange lautet:

Als die Oligarchie der 300 000 Sklavenhalter zum erstenmal in den Annalen der Welt das Wort Sklaverei auf das Banner der bewaffneten Rebellion zu schreiben wagte; als auf dem selbigen Boden, dem kaum ein Jahrhundert vorher zuerst der Gedanke einer großen demokratischen Republik entsprungen war, von dem die erste Erklärung der Menschenrechte ausging und der erste Anstoß zu der europäischen Revolution des 18. Jahrhunderts gegeben wurde; als auf diesem selbigen Boden die Konterrevolution mit systematischer Gründlichkeit sich rühmte, »die zur Zeit des Aufbaues der alten Verfassung herrschenden Ideen« umzustoßen, und »die Sklaverei als eine heilsame Einrichtung – ja als die einzige Lösung des großen Problems der Beziehung der Arbeit zum Kapital« hinstellte und zynisch das Eigentumsrecht auf den Menschen als »Eckstein des neuen Gebäudes« proklamierte; da begriffen die Arbeiter Europas sofort, selbst noch ehe sie durch die fanatische Parteinahme der oberen Klassen für den Konföderiertenadel gewarnt worden, dass die Rebellion der Sklavenhalter die Sturmglocke zu einem allgemeinen Kreuzzug des Eigentums gegen die Arbeit läuten würde und dass für die Männer der Arbeit außer ihren Hoffnungen auf die Zukunft auch ihre vergangnen Eroberungen in diesem Riesenkampfe jenseits des Ozeans auf dem Spiele standen.

Der kürzere Satz zieht die Konsequenz aus dem langen:

Überall trugen sie darum geduldig die Leiden, welche die Baumwollkrisis ihnen auferlegte, widersetzten sich voll Begeisterung der Intervention zugunsten der Sklaverei, welche die höheren und »gebildeten« Klassen mit solchem Eifer herbeizuführen suchten, und entrichteten aus den meisten Teilen Europas ihre Blutsteuer für die gute Sache.

Unrecht hat Gründe, der Kampf dagegen braucht Verstand, Geduld und die Bereitschaft, für die Abschaffung des Unrechts einen Preis zu zahlen – in diesen beiden Punkten waren Douglass und Marx sich einig. Genau so dachte und schrieb auch die Urheberin meines zweiten Belegs für den politischen Wert der kalten Wut: 1912 verglich Rosa Luxemburg (1871–1919) in ihrem Aufsatz »Frauenwahlrecht und Klassenkampf« die Vorherrschaft des Mannes in der Familie mit der Institution des

angeblich von Gott gerechtfertigten und gesegneten Erbkönig-
tums – eine wechselseitige Auslegung zweier Sachverhalte, die
damit keineswegs gerechtfertigt sein sollten:

> Das Instrument des Himmels als tonangebende Macht des
> politischen Lebens und die Frau, die züchtig am häuslichen
> Herde saß, unbekümmert um die Stürme des öffentlichen
> Lebens, um Politik und Klassenkampf, sie beide wurzeln in
> den vermorschten Verhältnissen der Vergangenheit, in den
> Zeiten der Leibeigenschaft auf dem Lande und der Zünfte in
> der Stadt. In diesen Zeiten waren sie begreiflich und not-
> wendig.

Mein ungestümer Mitschüler hätte sich hier vermutlich über
das Wörtchen »notwendig« aufgeregt. Luxemburg meinte es
ernst: Notwendig ist ein König da, wo die soziale Welt in Stän-
de gegliedert ist und zum Beispiel der Austausch zwischen den
ländlichen Erzeugnissen des Feldes und den handwerklichen
der Stadt nur dann stabil vonstatten geht, wenn es eine Instanz
über den Landadligen einerseits und den Stadtbürgern andererseits gibt, die verhindert, dass das für alle überlebenswichti-
ge Geschäft in einen Dauerstreit führt, der das Gemeinwesen
zerreißt.

Analog hierzu führt, wo die Gesellschaft so arm ist, dass die
Individuen dauernd jagen, säen, ernten, sammeln oder wer-
keln müssen, damit die Familie nicht verhungert, und daher so
rückständig, dass keine verteilte Kinderbetreuung eingerichtet
werden kann, weil jede Arbeitskraft fürs Überleben nötig ist,
an der Arbeitsteilung zwischen Produktion und Reproduktion
aus biologischem Elendspragmatismus nichts vorbei, wohl
aber etwas darüber hinaus: die Erzeugung größeren gesamtge-

sellschaftlichen Reichtums. Allerspätestens der Kapitalismus hat diesen Reichtum hervorgebracht, eben der Kapitalismus, der auf jene »vermorschten Verhältnisse« folgte, indem er sie zunächst ökonomisch zerschlug und dann formaljuristisch beseitigte.

Nur dann, wenn man versteht, dass Douglass so wenig die Sklaverei entschuldigen wollte wie Luxemburg die Monarchie und das Patriarchat, versteht man ein drittes und ein viertes Zitat, die ich diesen beiden anfügen will, um endgültig zu Marx und seiner Lehre überzuleiten.

Zunächst ein scheinbar enthusiastisches Lob der schon angedeuteten fortschrittlichen Mission des Kapitalismus:

Die große Industrie hat den Weltmarkt hergestellt, den die Entdeckung Amerikas vorbereitete. Der Weltmarkt hat dem Handel, der Schifffahrt, den Landkommunikationen eine unermeßliche Entwicklung gegeben. Diese hat wieder auf die Ausdehnung der Industrie zurückgewirkt, und in demselben Maße, worin Industrie, Handel, Schifffahrt, Eisenbahnen sich ausdehnten, in demselben Maße entwickelte sich die Bourgeoisie, vermehrte sie ihre Kapitalien, drängte sie alle vom Mittelalter her überlieferten Klassen in den Hintergrund.

Wir sehen also, wie die moderne Bourgeoisie selbst das Produkt eines langen Entwicklungsganges, einer Reihe von Umwälzungen in der Produktions- und Verkehrsweise ist. Jede dieser Entwicklungsstufen der Bourgeoisie war begleitet von einem entsprechenden politischen Fortschritt. [...] Die Bourgeoisie hat in der Geschichte eine höchst revolutionäre Rolle gespielt. Die Bourgeoisie, wo sie zur Herrschaft gekommen, hat alle feudalen, patriarchalischen, idyllischen

Verhältnisse zerstört. Sie hat die buntscheckigen Feudal-
bande, die den Menschen an seinen natürlichen Vorgesetz-
ten knüpften, unbarmherzig zerrissen und kein anderes
Band zwischen Mensch und Mensch übriggelassen als das
nackte Interesse, als die gefühllose »bare Zahlung«. Sie hat
die heiligen Schauer der frommen Schwärmerei, der ritter-
lichen Begeisterung, der spießbürgerlichen Wehmut in dem
eiskalten Wasser egoistischer Berechnung ertränkt.

Ein Unterton von Kritik ist vernehmbar, Hochachtung aber
unübersehbar – und dann folgen, im selben Text, gar Töne,
die man heute, wäre der Kontext unbekannt, vielleicht euro-
zentrisch nennen würde:

Die Bourgeoisie reißt durch die rasche Verbesserung aller
Produktionsinstrumente, durch die unendlich erleichterte
Kommunikation alle, auch die barbarischsten Nationen in
die Zivilisation. Die wohlfeilen Preise ihrer Waren sind die
schwere Artillerie, mit der sie alle chinesischen Mauern in
den Grund schießt, mit der sie den hartnäckigsten Frem-
denhaß der Barbaren zur Kapitulation zwingt. Sie zwingt
alle Nationen, die Produktionsweise der Bourgeoisie sich
anzueignen, wenn sie nicht zugrunde gehen wollen; sie
zwingt sie, die sogenannte Zivilisation bei sich selbst ein-
zuführen, d. h. Bourgeois zu werden. Mit einem Wort, sie
schafft sich eine Welt nach ihrem eigenen Bilde.

Ich schrieb oben vom »Unterton von Kritik« und meinte damit
Wendungen wie »die sogenannte Zivilisation« im letzten zi-
tierten Abschnitt. Den Text, in dem das stand, schrieben Marx
und Engels in Brüssel Ende 1847, ein Jahr vor einer revolutio-

nären Erhebung in Europa, deren Scheitern das weitere Leben und Werk von Marx entscheidend prägte.

Alles, was Marx vor diesem Text geschrieben hat, liefert die eine Hälfte des Kontexts, der die angeführten Stellen erklärt, und alles, was er danach schrieb, liefert die andere.

Beide zu rekonstruieren, damit man das, was ich eben zitiert habe, als eines der größten Dokumente kalter Wut in der Menschheitsgeschichte verstehen lernt, ist der Zweck dieses Büchleins.

Von den Ideen zur Praxis

Dichter und Denker:
Ein Weg durch die Philosophie zu ihrem Ausgang

Der 1818 geborene Karl Heinrich Marx war als junger Mann eher Schöngeist als Unruhestifter. Er schrieb Gedichtbändchen voll sentimentaler Aufwallungen. Zwei widmete er der Liebsten, eines dem Vater.

So benimmt sich keiner, den Wut antreibt, heiße oder kalte. Als Dichter war dieser Jüngling ein Heinrich Heine für Arme, schwärmerisch befangen im Stil der Zeit. So singt etwa ein Gebilde mit dem Titel *Dichtung* von 1837 pathetisch vom Dichten selbst, lässt aber auch schon den Denker erkennen, der alles, was ein Mensch hervorbringt, als Gemeinschaftserzeugnis zu lesen weiß, und sei's ein nur von zwei Leuten geschaffenes: »Schmiegend an der Formen Milde, / Steht die Seele festgebrannt, / Aus mir schwollen die Gebilde, / Aus Dir waren sie entbrannt. / Geistig lösen sie die Liebesglieder, / Sprühn sie voll im Schöpferbusen wieder.«

Das Elternhaus, das diesen Träumer hervorgebracht hatte, gehörte in Rheinpreußen zur seinerzeit wachsenden oberen

Der junge Marx, um 1839

Mittelschicht. Karls Vater war Rechtsanwalt und ein sowohl emanzipierter wie assimilierter Jude, nämlich 1824 zum Protestantismus übergetreten. Diese Glaubensrichtung hatte seinerzeit unter liberalen Bürgern den Ruf, das »vernünftigere Christentum« zu sein, die moderne, im Grunde: die bürgerliche Religion.

Seinen Sohn schickte Marx senior in Trier, wo die Familie lebte, aufs Gymnasium, danach zunächst in Bonn und endlich in Berlin auf die Universität zum Studium einerseits des Rechts, andererseits der Geschichte und der Philosophie. Seine philosophische Doktorarbeit schrieb Karl Marx in den Jahren 1840 und 1841. Ihr Thema war der Unterschied zwischen den naturphilosophischen Lehren zweier griechischer Denker, Demokrit und Epikur.

Beide waren Atomisten, die sich den Kosmos als etwas dachten, das aus kleinsten beweglichen Elementen, den sogenannten Atomen, zusammengesetzt war. Im Gegensatz zu anderen Großen der antiken wie der späteren Geistesgeschichte bauten Demokrit und Epikur sich das Weltgebäude damit aus konkreten Einzelheiten statt aus etwas, das der Welt der Begriffe angehörte, etwa »Formen« einer höheren Natur oder »Zwecken« einer Schöpferintelligenz.

Dass in dieser Gemeinsamkeit der beiden antiken Atomisten genug Raum für Unterschiede, ja Gegensätze blieb, erläuterte Marx in Worten, denen man ansieht, dass er schon zu dieser Zeit Fortschritte des Denkens wie des Lebens gerade da vermutete, wo Streit, Kampf und Widerspruch zu finden waren. An den atomistischen Lehren selbst zog ihn wohl vor allem der Umstand an, dass die Bewegung der Atome untereinander als eine tätige, produktive Unruhe begriffen werden muss, die dem späteren Bild des Doktoranden vom histori-

schen Weg der Menschheit als einer Geschichte von Klassen-
kämpfen recht nahe kam. So kann man, wenn er in der Doktorarbeit beschreibt, wie es unter den Atomen zugeht, auch die
Konflikte der antiken Gesellschaften ahnen:

> Das Hervorgehen der Bildungen aus den Atomen, ihre Re-
> pulsion und Attraktion ist geräuschvoll. Ein lärmender
> Kampf, eine feindliche Spannung bildet die Werkstätte und
> Schmiedestätte der Welt. Die Welt ist im Innern zerrissen,
> in deren innerstem Herzen es so tumultuarisch zugeht.
> Selbst der Strahl der Sonne, der in die Schattenplätze fällt,
> ist ein Bild dieses ewigen Krieges. Man sieht, wie die blinde,
> unheimliche Macht des Schicksals in die Willkür der Per-
> son, des Individuums übergeht und die Formen und Sub-
> stanzen zerbricht.

Auf den ersten Blick wirkt das Bild der Geschichte, das Marx
hier ausspricht, wie das absolute Gegenteil eines Leitsatzes, in
dem sein wichtigster Lehrer eine folgenreiche Auffassung davon, was Geschichte sei, zusammengefasst hat: »Die Weltgeschichte ist der Fortschritt im Bewusstsein der Freiheit – ein
Fortschritt, den wir in seiner Notwendigkeit zu erkennen haben.« So sah das Georg Wilhelm Friedrich Hegel (1770–1831).
Von ihm empfing Marx stärkere Eindrücke als von irgend-
wem sonst, auch wenn er später viele dieser Eindrücke durch
Verneinung verarbeitete. Hegel, für Intellektuelle wie Marx
damals König, Erlöser und Endpunkt der deutschen Philoso-
phiegeschichte, sagt hier etwas wie: Es geht unaufhaltsam zur
Freiheit hin. Dieser Weg, suggeriert das Zitat, folgt einem ord-
nenden, vernünftigen Prinzip.

Das klingt zweifellos ganz anders als der chaotische Kampfplatz »Welt«, den Marx in seiner Doktorarbeit beschreibt. Wichtiger als die inhaltliche Seite der Sache ist indes die methodische: Hegel sieht nicht nur eine andere Wirklichkeit, er geht offenbar auch von einer entgegengesetzten Richtung aus an diese Wirklichkeit heran als sein Schüler. Dieser folgt Demokrit und Epikur offensichtlich darin, dass er beim Konkreten und Besonderen ansetzt und dann die großräumigen Erscheinungen als Folgen der Konflikte zwischen solchen Besonderheiten begreift, während Hegel umgekehrt das Allgemeine, die Freiheit und deren Bewusstsein, als Leitgesichtspunkte nimmt, um dann im zweiten Schritt die Vielfalt der Einzelfälle zu verstehen.

Der besondere Abschnitt der europäischen Geistesentwicklung, den Hegel abschloss, heißt »deutscher Idealismus«. Zu dieser Strömung rechnet manch kritische Chronik der Philosophie schon Kant. Zweifellos gehören auch Johann Gottlieb Fichte (1762–1814) und Friedrich Wilhelm Joseph Schelling (1775–1854) dazu. Kein anderer deutscher Idealist aber hat dem weiteren Denkweg der Menschheit so markant sein Zeichen aufgeprägt wie Hegel. Grund dafür ist ein Widerspruch: Es war ein Schüler Hegels, der die grundsätzlichste, selbst wiederum äußerst folgenreiche Kritik dieses deutschen Idealismus geleistet hat – eben Marx.

Gedanken wie der, dass die Weltgeschichte die Entfaltung des Bewusstseins der Freiheit sei oder dass in den Menschen, wenn sie sich durch Religion, Wissenschaft und Kunst auf verschiedene Stufen der Erkenntnis hocharbeiten, etwas wie ein »absolutes Wissen« zu sich selbst komme, oder dass in der Verfassung des preußischen Staates ein »Weltgeist« sich verwirklicht fände, wirken nicht erst heute weltfremd. Ansichten Hegels wie diese lassen sich leicht verspotten. Schon zu seinen

Lebzeiten fand sich sein erfahrungsüberschreitender, also »transzendentaler« Optimismus ätzendem Hohn etwa von Hegels geschworenem Feind Arthur Schopenhauer (1788–1860) ausgesetzt.

Man sollte nun nach allem, was ich hier bislang von Karl Marx erzählt habe, annehmen, dass der junge Rheinländer in Berlin beim Geschichtsstudium doch auch ein anderes Geschichtsbild habe erlernen wollen als das Hegel'sche vom verlässlichen Fortschritt.

Wäre dies der Fall gewesen, hätte er etwa die Ansicht seines lebenslangen Vorbildes Goethe (den Marx »nicht nur den größten deutschen Dichter«, sondern »den größten Deutschen« überhaupt nannte) über die christliche Kirchengeschichte verallgemeinern können – Goethe hatte das Urteil gewagt, dieser geistlich bestimmte, von allerlei Ideen und Idealen geschmückte Strang des historischen Gewebes sei nichts als ein »Mischmasch von Irrtum und Gewalt«. Die christlichen Kirchen selbst sehen das selbstredend anders: Ihre Lehre behauptet, die Erlösung sowohl von Irrtum wie Gewalt werde sich zwangsläufig aus dem Geschichtsverlauf ergeben.

Eine Ähnlichkeit des Hegel'schen Fortschrittsdenkens mit der christlich-religiösen Heilsgeschichte, die das Menschenschicksal nach viel Sünde und Trübsal dank der Macht des verkörperten Wortes Gottes, des »Logos«, also Christus, schließlich ins Himmlische emporhebt, ist hier nicht zu übersehen: Bei beiden geht's gut aus, weil ein richtiger, ein heiliger Gedanke sich durchsetzt.

Marx hatte mit der Religion schon als Student nicht mehr viel Geduld, weder mit der christlichen, noch mit den älteren, vom griechischen Götterhimmel bis zum Gott der Juden. Den grimmigsten Feind der alten griechischen Götter, den sie für seine Rebellion an einen Felsen ketten und dort foltern ließen, den Titanen Prometheus, nannte Marx in seiner Doktorarbeit sogar den »vornehmsten Heiligen und Märtyrer im philosophischen Kalender«. Der Verdacht, dass Hegels »Weltgeist«, seine »absolute Idee« und andere prominente Konstruktionen der idealistischen Lehre einfach philosophisch verbrämte Updates des alten religiösen Zierrats waren, Snob-Versionen der Glaubensinhalte »Gott«, »Engel« und so fort, lag nahe.

Tatsächlich ist der Ort im Werk von Marx, an dem dieser seine Vorbehalte gegen die Religion erschöpfend ausspricht, eine Auseinandersetzung mit Hegel, nämlich die »Vorrede« zu seiner *Kritik der Hegelschen Rechtsphilosophie* aus dem Jahr 1844. Einige Sätze aus diesem Text sind sehr bekannt geworden, weshalb man sie genauer lesen sollte, als das oft geschieht. Meist werden sie heute als Breitseiten gegen jeden Glauben aufgefasst, als polemische Keulenschläge. Aber Marx watscht die Religion da nicht einfach ab, sondern lässt ihr, wie das im Kontext einer rechtsphilosophischen Erörterung ja einleuchtet, gewissermaßen ihr Recht. Vor allem spricht er aus, welchen entwicklungsgeschichtlichen Sinn sie seiner Ansicht nach hat, gerade so wie die Sklaverei in Nordamerika bei Frederick Douglass oder der König und das Patriarchat bei Rosa Luxemburg:

Das *religiöse* Elend ist in einem der *Ausdruck* des wirklichen Elendes und in einem die *Protestation* gegen das wirkliche Elend. Die Religion ist der Seufzer der bedrängten Kreatur, das Gemüt einer herzlosen Welt, wie sie der Geist geistloser Zustände ist. Sie ist das *Opium* des Volks.

Für das Volk war Hegels Lehre natürlich weder gedacht noch gemacht und wurde bei jenen, die man damals so nannte, auch nicht sonderlich bekannt. Umso höher im Kurs aber stand sie bei der Intelligenz, den Zuständigen für Kunst und Wissenschaft, die in religiösen Belangen zumindest skeptisch waren, seit alle Gebildeten in Europa von jener Ideenwelt berührt worden waren, die man »Aufklärung« nennt.

Hegel, der 1770 geboren und also 19 Jahre alt war, als die Französische Revolution sich ereignete, musste als Philosophieprofessor auf dem Höhepunkt seiner Laufbahn nicht nur mit der Abneigung des erklärten Atheisten Schopenhauer leben, sondern auch die wesentlich ernsteren Angriffe von Leuten ertragen, die ihn 1826 »wegen öffentlicher Verunglimpfung der katholischen Religion« in Misskredit bringen wollten. Während man von heute aus in seiner Fortschrittsgeschichte leicht eine getarnte christliche Heilsgeschichte sehen kann, waren die Frommen unter den Zeitgenossen umgekehrt davon überzeugt, dass selbst in seinen positiven Erwähnungen verlässlicher Größen wie »Gott« oder »Seele« in Wirklichkeit durchaus diesseitige, liberale, moderne Ideen lauerten. Die Katholiken schwärzten ihn wegen seiner Ansichten zur sogenannten Wandlung an, also zu Hostie und Wein, die als Bestandteil der katholischen Messe vom Ritus buchstäblich in Leib und Blut des Erlösers Jesus Christus verwandelt werden. Das hatte Hegel vom Katheder herab wohl als Gebrauch metaphysisch unzulässiger Erlösungsrequisiten geschmäht. Man griff ihn also an, und er verteidigte sich damit, ein Protestant, also Anhänger Luthers zu sein, der in Preußen den Schutz genoss, dem sein Bekenntnis staatlicherseits anempfohlen war. Unter diesem Lutheranermantel rochen die Verfolger freilich einen, der, wenn er nur gekonnt hätte, nicht nur diejenigen übernatürlichen Bestandteile des Christentums, die der Reformation zum Opfer gefallen waren, sondern lieber gleich alle losgeworden wäre. Hegel erwiderte streitbar,

> dass ich in wissenschaftlichem Interesse, welches ich bei meinen Vorträgen allein vor Augen habe, es nicht bei milden und schüchternen, noch bei bloß verdammenden und absprechenden Allgemeinheiten habe bewenden lassen, sondern die katholische Lehre in ihrem Mittelpunkte, der Hostie, habe auffassen, von dieser sprechen und mit wissenschaftlicher Bestimmtheit über sie habe sprechen müssen und daher die Lehre Luthers als die wahrhafte und von der Philosophie ihrerseits für die wahrhaftige erkannte auseinandergesetzt und ausgesprochen habe. Ich würde übrigens hier in dieser Erklärung respektwidrig zu handeln glauben, wenn ich mir das Recht, das mir als lutherischem Christen zukommt, ausdrücklich vorbehalten wissen wollte, die katholische Lehre von der Hostie kurzweg für papistischen Götzendienst und Aberglauben erklären zu dürfen.

Eleganter hätte einer Religion mit beachtlichen irdischen Bataillonen wohl selbst Goethes Reineke Fuchs nicht die Zunge herausstrecken können.

Von der Aufklärung kehrt Hegel sich beim Gebrauch von Begriffen wie »Weltgeist« oder »absolutes Wissen« also nicht etwa ab, um die Gebildeten wieder der Mutter Kirche zuzuführen. Im Gegenteil: Er setzt in diesen scheinbar so religionsverwandten Elementen seines Denkens das Aufklärungsdenken auf eine überraschende Art gerade fort, spitzt es nämlich auf bedeutsame Weise zu. Das erkennt man, wenn man sich an ein wichtiges Prinzip der neuzeitlichen Wissenschaft erinnert, von dem die Aufklärung, als es sie bei ihrer verallgemeinernden Beschäftigung mit der neuzeitlichen Naturforschung bei Leuten wie Galilei und Newton ausfindig gemacht hatte, besonders beeindruckt gewesen war.

Dieses Prinzip war die Suche nach Regelmäßigkeiten im Naturgeschehen, die sich, wenn man das nötige Geschick, die nötige Geduld, das nötige Abstraktionsvermögen und einige Rechenkünste aufbrachte, in Form von mathematischen Gleichungen formulieren ließen, welche dann bei entsprechender Eingabe von messbaren Größen an ihren Variablenstellen Vorhersagen erlaubten.

Dies waren die sogenannten Naturgesetze, worunter etwa Newtons $f = ma$ oder die Fallgesetze fielen, später Kürzel für alles Mögliche von der Federspannung bis zum Elektromagnetismus, aber auch Verlässliches in anderen Wissenschaften als der Physik, etwa die Strukturformeln und Reaktionsgleichungen der Chemie. Dass sich diese Naturgesetze technisch in der beschriebenen Weise nutzen ließen, erklärte man sich mit einer Analogiebildung: So, wie sich die Mitglieder eines Gemeinwesens an die in diesem gültigen Gesetze halten müssten, so halte sich eben alles, was in der Natur vorkomme, an besagte Naturgesetze. Wenn sich die Natur tatsächlich nach Prinzipien richtet, lässt sich eine merkwürdige Konsequenz daraus ziehen – Prinzipien sind nichts als ein anderes Wort für »Ideen«, eine idealistische Lesart des neuen instrumentellen Rationalismus lag also von Anfang an nahe.

Beim Vorausberechnen erwünschter oder unerwünschter Effekte menschlichen Handelns waren die von Galilei, Newton und ihresgleichen entdeckten Gesetze beobachtbar verlässlicher als die älteren biblischen Prophezeiungen; ein Umstand, aus dem ein Großteil der philosophischen Kriegsführung prominenter Köpfe des aufsteigenden Bürgertums gegen die Religion als Legitimationsideologie des Adels und der mit diesem verbündeten Kirche nicht wenig intellektuelles (und indirekt sogar moralisches) Kapital schlug. Auf Verse aus dem Alten und dem Neuen Testament und ein paar Bauernregeln war eine Welt gegründet, die sich als Scheibe missverstanden hatte, welche um die Sonne kreist. Das neue Naturgesetzwissen dagegen empfahl sich den Denkern einer neuen Welt als Fingerzeig, doch auch in Bezug auf das Gesellschaftsgeschehen vergleichbare Gesetzmäßigkeiten zu ermitteln.

Eines der wichtigsten Bücher, die diesem Fingerzeig nachgingen, kann als direkte Inspiration der Geschichtsphilosophie Hegels angesehen werden, nämlich der *Esquisse d'un tableau historique des progrès de l'esprit humain* (*Entwurf einer historischen Darstellung der Fortschritte des menschlichen Geistes*, postum 1795) des französischen Aufklärers, Politikers der Revolution und Mathematikers Jean Antoine Nicolas de Caritat Condorcet (1743–1794). Im Bemühen, Gesellschaftsbewegungsgesetze ausfindig zu machen, die es an Erklärvermögen und Vorhersagekraft mit den Gleichungen der Physiker aufnehmen konnte, waren Condorcet andere bürgerliche Denker vorangegangen, zum Beispiel der Italiener Giambattista Vico (1668–1744), der in seiner *La Scienza nuova* (übersetzt als *Grundzüge einer Neuen Wissenschaft über die gemeinschaftliche Natur der Völker*), die in seinem Todesjahr 1744 erschienen waren, ein Tableau der kreisförmig zwischen Höhepunkten und Niedergängen umlaufenden Menschheitsentwicklung malte, das viel mit den Umlaufbahnen der Gestirne und mit den Beziehungen zwischen bürgerlichem Rechtsbegriff und neuzeitlichem Naturgesetzverständnis zu tun hatte.

Der »Mischmasch von Irrtum und Gewalt« wies nach Vicos, Condorcets und Hegels Ansicht also Muster auf, Bahnen und Regeln. Die Summe dieses Denkens seiner Vorgänger zog Hegel mit seinem wuchtigen Satz: »Was wirklich ist, das ist vernünftig.«

An diesem Satz trennten sich seine Schüler in zwei Lager, ein linkes und ein rechtes. Die beiden Richtungsangaben stammen aus der französischen Parlamentsversammlung im Streit um die Monarchie: Rechts vom König saßen Adel und Klerus, die alles so lassen wollten, wie es war, links saßen die Bürger, die es abschaffen und an seine Stelle einen Vernunftstaat setzen wollten.

Echos dieser Sprech-, Ruf- und Forderungsordnung, unter verwirrenden Verzerrungen einzelner Frequenzen, haben sich bis heute erhalten.

In Hegels Epoche, die noch unmittelbar vom Ereignis des Sieges der Linken in der Revolution von 1789 geprägt war, kam es auf die Spaltung im politischen und intellektuellen Leben in existenziellem Ausmaß an. Hegel hatte deshalb Schüler zur Rechten und zur Linken.

Die Rechts- oder Althegelianer sind heute kaum mehr bekannt. Namen wie Karl Rosenkranz (1805–1879) oder Leopold von Henning (1791–1866) tragen nur für ausgewiesene Spezialisten noch Bedeutung, weil diese Leute Hegel für einen Modernisierer des Christentums halten wollten, dessen Weltgeist tatsächlich ein über sich selbst aufgeklärter Gott sein sollte. Diese Meinung trat in dem Ausmaß in den ideengeschichtlichen Hintergrund zurück, in dem die Fragen und Antworten des Christentums sich endgültig von denen der Philosophie trennten.

Die Links- oder Junghegelianer dagegen, darunter Bruno Bauer (1809–1882), David Friedrich Strauß (1808–1874) oder

Arnold Ruge (1802–1880), krempelten den Satz: »Was wirklich ist, das ist vernünftig!« von innen nach außen, weil vieles, was ihre Mitmenschen redeten, schrieben und dachten, eben nicht vernünftig war, und daher ihrer Meinung nach schlicht keinen Anspruch darauf sollte haben dürfen, noch länger für wirklich zu gelten – nicht nur die Hostie, sondern auch manche Zensur- und Polizeivorschrift. Zu dieser Fraktion gehörte auch der junge Marx.

Gegen Ende seines Studiums war er sich mit den anderen jungen Herren der Hegelschule einig, dass man zunächst das Allerunvernünftigste, die Religion, als Zielscheibe ins Auge fassen musste, freilich schon hier mit der leichten Akzentverschiebung, dass diese Zielübungen die Vorbereitung eines Angriffs auf alle anderen unvernünftigen sozialen Einrichtungen sein sollten, von erblichen Privilegien bis zum erzwungenen Verzicht der meisten Menschen auf allerlei irdische Freuden.

In diesen Zusammenhang gehört die Auseinandersetzung, die Marx mit Texten von Bruno Bauer unterm Titel *Zur Judenfrage* 1843, kurz vor seinem Übergang zum Kommunismus, verfasste, und die im Wesentlichen auf dem bürgerlich-liberal-links-universalistischen Standpunkt (also nahe bei Kant) stand, dass religiöse Partikularismen im modernen Staat mit gleichen Rechten nichts mehr zu suchen hätten. Heute würde man das eine Kritik an »Parallelgesellschaften« nennen; Marx und Engels haben diesen Text später allerdings (selbst-)kritisch als Dokument einer Phase im Denken des jungen Marx betrachtet, der noch stark in junghegelianisch-idealistischen Denkmustern befangen war.

Als scharfe Religionskritiker empfingen die Junghegelianer Impulse von einem Philosophen, der ein paar Jahre älter war als die meisten von ihnen, dem 1804 geborenen Ludwig Feuerbach. Die lesewilligen Liberalen im Deutschland jener Zeit, nicht nur die Junghegelianer, waren, wie Marx später schrieb und sich ausdrücklich mitmeinte, »alle eine zeitlang Feuerbachianer« – und zwar gerade in dem Moment, zu dem Marx sein Studium beendet hatte und gemeinsam mit dem Junghegelianer Bruno Bauer in die Redaktion eines Blattes eintrat, das einige Kölner bürgerliche Radikale soeben gegründet hatten, die *Rheinische Zeitung*.

Feuerbach war nicht nur geistig, sondern auch als wirkliche, handelnde Person sowohl Bauers wie Marxens Held. 1832 hatte man dem religionskritischen Rebellen den Lehrstuhl weggenommen, 1836 seinen Versuch einer Rückkehr an die Akademie abgeblockt, und beinahe 10 Jahre nach Feuerbach, 1841, wurde nun auch dessen Anhänger Bauer das Recht, Vorlesungen abzuhalten, in Bonn aberkannt, weil er zu seinem Vorbild stand.

Der Ärger hing an Büchern, in denen Feuerbach sich mit den christlichen Kirchen und ihren Lehren anlegte, *Das Wesen des Christentums* (1841) und *Grundsätze der Philosophie der Zukunft* (1843). In diesen Werken werden sämtliche jemals aufgekommenen Ideen, auch und gerade die angeblich per Offenbarung auf die Welt gelangten religiösen, als Produkte des Menschen benannt.

Diese Art Kritik an den Lehren der Kirchen wurde von Feuerbachs Schriften ausgehend eine deutsche Mode, wie es sie in Frankreich in der Zeit vor der Revolution schon einmal gegeben hatte, als Aufklärer wie Paul Henri Thiry d'Holbach (1723–1789), Claude Adrien Helvétius (1715–1771) und Julien Offray de La Mettrie (1709–1751) nicht nur die religiösen Vorstellungen, sondern auch ihre Metavoraussetzung, nämlich den ge-

Marx und Engels bei der *Rheinischen Zeitung* (Gemälde von E. Capiro, Lebensdaten unbekannt)

lehrten Glauben an den natürlichen logischen Vorrang, die höhere Würde der Idee vor der Erfahrungswirklichkeit angegriffen hatten.

Auch in den Schriften der französischen Bannerträger des Antiklerikalismus war die nun von Feuerbach wiederentdeckte Auffassung vertreten worden, die materielle Welt und in ihr die spezielle, biologische »Maschine Mensch« (La Mettrie) habe ausnahmslos alle Ideen, über die sich überhaupt diskutieren lasse, hervorgebracht, falsche wie richtige.

Aber die Wiederholung dieser Umkehrung des klassisch abendländischen (von Plato bis ins Mittelalter entwickelten und vertretenen) Bildes von der Rangordnung zwischen dem Ideellen und dem Materiellen auf Erden war dem jungen Karl Marx nicht genug. Hier trennte er sich von den Junghegelianern.

Ein Zeitungsmann wird grundsätzlich

Marx hatte in jenen Tagen bereits zu politisieren begonnen, eben in der *Rheinischen Zeitung*, und geriet dafür umgehend mit den Autoritäten in Konflikt.

Bald unterstellte man das Blatt einer dreifachen Vorzensur, das heißt, drei lesenden und bestimmte Texte unterdrückenden Filtern. 1843 wurde es sogar ganz verboten. Unter diesem Beschuss verzichtete Marx auf seinen Redakteursposten. Die Zeitung starb. Im Herbst dieses Jahres ging Marx nach Paris, befasste sich in Kooperation mit dem linken Liberalen Arnold Ruge (1802–1880) mit der Zusammenstellung eines Magazins namens *Deutsch-Französische Jahrbücher*, das die erwartbaren politischen Unbotmäßigkeiten enthielt und 1844 mit seiner einzigen Ausgabe erschien, und lernte in diesem französischen Exil schließlich Friedrich Engels kennen.

Der 1820 geborene Baumwollfabrikantensohn aus der preußischen Gegend Jülich-Klebe-Berg, geboren in Barmen, war als junger Mann in Bremen, wo er für seinen Vater gearbeitet hatte, mit dem radikalen bürgerlichen Liberalismus in Berührung gekommen. Anfang der 1840er Jahre hatte er sowohl seinen Militärdienst in Berlin hinter sich gebracht wie philosophische Vorlesungen an derselben Brutstätte des Junghegelianismus besucht wie Marx.

Als sie einander in Paris näherkamen, war Engels gerade damit beschäftigt, einen Klassiker der Sozialforschung zu verfassen, *Die Lage der arbeitenden Klasse in England*. Das Buch sollte 1845 erscheinen und bot grauenhafte Nachrichten von den Lebens- und Arbeitsbedingungen des Proletariats in demjenigen Land, in dem die kapitalistische Erzeugungsweise und ihre rechtlichen und politischen Verkehrsformen am weitesten entwickelt waren. Engels befasste sich mit diesem Stoff nicht als Journalist. Der Antrieb, ihn überhaupt zu untersuchen, waren ihm dieselben radikaldemokratischen, auf soziale Chancengleichheit und Teilhabe möglichst aller am vernünftig gesteuerten Gesellschaftsleben gerichteten Ideen, die auch Marx umtrieben.

Wie er hatte Engels sich auch mit damals vielgelesenen Entwürfen anderer Gesellschaftsordnungen als der vorhandenen befasst, etwa mit den Schriften des französischen Frühsozialisten Henri de Saint-Simon (1760–1825), der eine Art Wissenschaftsdemokratie entworfen hatte, oder mit den Ideen des Kapitalismuskritikers Charles Fourier (1772–1837), der gegen alle Formen der nicht nur staatlichen Disziplinierung menschlichen Lebens und für eine produktiv-pluralistische, anarchische Gesellschaft agitiert hatte, und mit den Arbeiten des Engländers Robert Owen (1771–1858), der aus seinen Erfahrungen in der Baumwollindustrie genossenschaftliche Modelle der sozialen Kooperation abstrahiert hatte, sowie schließlich den Pamphleten des deutschen christlichen Radikalen Wilhelm Weitling (1808–1871), der als einer der Ersten in Kontinentaleuropa den Gemeinbesitz predigte, den er »Kommunismus« nannte.

Alle diese Anreger hatten mehr oder weniger stimmige Bastelarbeiten zur Illustration möglicher »anderer Welten« vorgelegt, denen nichts fehlte außer einer Antwort auf die Frage:

Wenn das alles so vernünftige Ideen sind, warum tun die Menschen dann nicht längst, was sie ihnen nahelegen?

Auch die Junghegelianer, die ja in der Diagnose einer offenbar bestehenden falschen Gesellschaftsordnung durchaus einig waren, wussten darauf nur zu erwidern, dass eben die falschen Ideen herrschten und man gegen sie, etwa mit den von Feuerbach bereitgestellten Waffen, einen Feldzug führen müsse, um sie kritisch zu vernichten, so dass der Blick der Menschen auf die richtigen Ideen endlich frei würde. Marx und Engels fanden zu ihrer Freude, dass sie im jeweils anderen ein Gegenüber gefunden hatten, dem Ideenscharmützel nicht genügten.

Etwas, so fanden beide, war mit dem Niveau der ganzen kritischen Veranstaltung nicht in Ordnung, etwas, dem die anderen aus der linken Hegelschule nicht recht ins Gesicht sehen wollten, etwas sehr Einfaches übrigens – nämlich, dass der Satz, zu dem sich die Junghegelianer mit Hilfe von Feuerbach durchgekämpft hatten: »Die Ideen sind nicht das Primäre und die materielle Welt ist nicht deren Erzeugnis, sondern umgekehrt« selbst nichts anderes ist als eine Idee.

Solche Stolperfallen im Denken zu identifizieren und sie als Hinweis auf ungelöste Probleme zu begreifen, denen man nachgehen muss, wohin auch immer sie führen, hatten Marx und Engels bei Hegel gelernt. Der nannte das Ausfindigmachen dieser Fallen und das Auseinanderbauen derselben mit dem Ziel, zu verstehen, welchen tieferen Wahrheiten sie ihre Existenz verdankten, mit einem griechischen Wort »Dialektik« (etwa: die Kunst des Streits, die Entfaltung des Widerspruchs). Hegel verstand unter Dialektik, dass das Leben der Ideen, sofern sie nicht einfach bei sich selbst bleiben, sondern in sinnvolle logische Aussageverknüpfungen eintreten, fortlaufend Widersprüche produziert. Dabei können Gegensätze einander nicht nur in ihrer Verwirklichung behindern, sondern sogar zu neuen Stufen des Entwicklungsgangs treiben. Der Gegensatz zum Beispiel zwischen »Sein« und »Nichtsein« ist im Begriff des »Werdens« zuhause: Wird eine Raupe zum Schmetterling, so ist sie auf dem Höhepunkt des Prozesses zwar nicht mehr Raupe, aber auch noch nicht Schmetterling. Selbst der Unterschied zwischen Quantität und Qualität ist nicht starr – zwei Haare sind noch keine Frisur, auch wenn Homer Simpson sich das wünscht, aber ab einer gewissen Menge von Haaren hat man es selbst dann mit einer Frisur zu tun, wenn niemand sie schneidet und kämmt, in diesem Fall: einer schlechten.

Übergänge, Kippmomente, Umschlagereignisse dieser Art sind das Salz des Denkens und der Debatte, aber nicht nur das – Marx und Engels, die durch Hegels idealistische Schule wie durch Feuerbachs die Ideen auf ihren abgeleiteten Platz im Weltganzen verweisende Lektionen hindurchgegangen waren, erkannten rasch, dass man die Dialektik nicht mit verschrotten muss, wenn man sich vom Idealismus zum Materialismus wendet.

Denn während Homer Simpsons Frisurenproblem davon abhängt, wie Menschen bestimmte Sachen und Sachverhalte nennen, zeigt sich am Fall der Raupe, dass dialektische Tatbestände nicht durchweg sprach-, begriffs- und also ideenvermittelt sein müssen, insofern man bereit ist, anzuerkennen, dass ein Schmetterling, wie auch immer man ihn nennt, tatsächlich etwas anderes ist als eine Raupe. In der sinnlich wahrnehmbaren, der materiellen Welt kommen offenbar Prozesse vor, die genau so funktionieren wie das, was wir beim Denken, Sprechen, Schreiben »Widerspruch« nennen.

Eine der wichtigsten dialektischen Beziehungen zwischen Gegenständen der abstrakten Reflexion über Irrtum und Wahrheit, die Marx und Engels ermittelten, war die zwischen Idealismus und Materialismus selbst, in der Entwicklung von den französischen Aufklärern über Hegel bis zu Feuerbach: Aus dem Umstand, dass die Raupe kein Schmetterling ist, folgt nicht, dass sie keiner werden kann, und aus dem Umstand, dass Hegel sich irrte, als er schrieb, die menschliche Geschichte richte sich nach Ideen wie etwa dem Bewusstsein der Freiheit, während sie das in Wirklichkeit nicht tut, weil sie viel eher Goethes »Mischmasch von Irrtum und Gewalt ist«, folgt eben nicht, dass die menschliche Geschichte sich niemals dahingehend verändern könnte, dass sie sich plötzlich doch nach Ideen richtet – indem es nämlich in fortschrittlichen Epochen die Menschen selbst sind, die ihre Geschichte geleitet von Ideen neu einrichten könnten.

Täten sie das, so wäre Hegels Irrtum nur eine vorweggenommene Wahrheit: Der Materialismus, der die Menschen motiviert, ist selbst eine Art Idealismus, aber nicht mehr als zahnloser Traum, sondern als wirklichkeitstüchtige Lehre.

Selbst falsche Ideen kann man wahr machen

Für diese faszinierende Phantasie gab es ein Vorbild in der tatsächlichen Geschichte: Was Marx und Engels da ins Auge fassten, war schon einmal passiert, nämlich mit einer derjenigen Ideen, die sich die Französische Revolution auf die Fahnen geschrieben hatte, den Menschenrechten. Wenn man die Idee richtig findet, dass allen Menschen unabhängig von ihrer Herkunft gewisse Rechte zuzubilligen sind, angefangen vom Recht auf Leben und körperliche Unversehrtheit bis hin zu den abstraktesten geistigen Freiheiten, dann meint man mit »richtig« zunächst etwas Normatives: Es soll so sein.

Ihrem geistesgeschichtlichen Ursprung nach waren die Menschenrechte zunächst aber eine falsche, nämlich unrealistische, unzutreffende Beschreibung von angeblichen Naturzuständen gewesen. Noch für die amerikanischen Staatsgründer wurzelten jene Rechte in der mittelalterlichen Naturrechtslehre: »that all men are created equal«, also in der Behauptung, die Menschen, die laut dem Buch Genesis nach Gottes Bild geschaffen sind, dürfe man nicht misshandeln, weil man damit die Gottesebenbildlichkeit und also den Schöpfungsplan, ja: den Schöpfer beleidigt.

Wäre dieses sogenannte Naturrecht tatsächlich in der Natur verankert, dann müsste sie es ausnahmslos respektieren und diesen Respekt bei allen Lebewesen erzwingen, wie sie das bei allerlei Gesetzen tut, die tatsächlich in ihr verankert sind, etwa beim Energieerhaltungssatz oder bei den Schwerkraftgleichungen. Dem hungrigen Raubtier aber ist die Gottesebenbildlichkeit des Menschen traurigerweise egal.

Hier lohnt es sich zu wiederholen: Dass die Welt, wie sie nun einmal ist, sich nicht nach einer Idee richtet, heißt keineswegs, dass Menschen nicht beschließen können – einzeln, aber eben auch kollektiv, gesellschaftlich –, sich zum eigenen Nutzen nach einer solchen Idee zu richten. Verrechnet man die sachlich falsche Idee des Naturrechts mit der als Beschreibung naturwüchsiger, zufällig entstandener Gesellschaften ebenfalls unzutreffenden Idee vom Gesellschaftlichen als einem Vertrag, so kommt man zu der Idee, dass Menschen miteinander einen solchen Vertrag schließen können – etwa als Verfassung, an die dann alle weiteren etwa noch zu schaffenden Gesetze gebunden sind –, der von allen verlangt, gewisse Rechte anderer zu respektieren.

Die Idee des Gesellschaftsvertrags war in der bürgerlichen Emanzipationsbewegung auch als Reflex der bürgerlichen Arbeitsvertragsverhältnisse aufgekommen: Die Bürger waren sozusagen ganz wild auf Verträge, weil sie ihnen ihren Reichtum, ihre Macht, ihre Existenz als Klasse verdankten, weshalb ihre besten Denker von Thomas Hobbes (1588–1679) bis Jean-Jacques Rousseau (1712–1778) sich von alten, antiken Lehren des Kontraktualismus (zum Beispiel formuliert bei Epikur, einem der beiden Gegenstände der Doktorarbeit von Marx) inspirieren ließen.

In den antiken Sklavenhaltergesellschaften war die Ansicht, Gesellschaften gründeten sich auf Verträge, purer Vorwand. Die Sklaven gehörten in diesem Bild einfach nicht zur Gesellschaft, aus moderner Sicht eine Absurdität, denn Menschen, denen eine Gesellschaft ihren Reichtum, ja ihren Bestand verdankt, können nicht einfach per Behauptung aus ihr ausgegliedert werden (ökonomisch und politisch freilich schon, man studiere etwa die lehrreiche Geschichte des Wahlrechts in England …).

Die französischen und amerikanischen Bürger des späten 18. Jahrhunderts aber machten die Unwahrheit des Naturrechts und des Kontraktualismus zur politischen Wahrheit, ein Umschwung der Art, wie man sie bei Marx bis in seine bewegliche Sprache hinein beobachten kann, wenn er etwa immer wieder Paare und Kombinationen von Worten bildet, bei denen er dann das eine ins andere umschlagen lässt wie Unwahrheit in Wahrheit, etwa im Vergleich der »Waffe der Kritik« mit der »Kritik der Waffen«.

Der weltberühmte Satz am Ende seiner im Frühjahr 1846 geschriebenen *Thesen über Feuerbach*, der sagt: »Die Philosophen haben die Welt nur verschieden *interpretiert*, es kömmt drauf an sie zu *verändern*«, ist die kompakteste dieser dialektischen Volten, nämlich die Bezeichnung eines der wichtigsten Übergänge in seinem Denken: des Schritts vom Notwendigen zum Hinreichenden. Notwendig ist, dass man das Falsche erkennt, wenn man es loswerden will. Hinreichend ist das aber nicht, erforderlich bleibt, dass man es dann auch abschafft. Marx sagt damit keineswegs, man solle die Welt nicht interpretieren; in dem Wort »nur« steckt vielmehr bloß der todernste Hinweis darauf, dass das nicht reicht.

Wie das gemeint ist, versteht man beispielhaft, wenn man die Kritik an Feuerbachs Religionskritik mitdenkt, die Marx im selben epochalen Text skizziert:

Feuerbach geht von dem Factum der religiösen Selbstentfremdung, der Verdopplung der Welt in eine religiöse u. eine weltliche aus. Seine Arbeit besteht darin die religiöse Welt in ihre weltliche Grundlage aufzulösen. Aber, daß die weltliche Grundlage sich von sich selbst abhebt und sich ein selbständiges Reich in den Wolken fixiert, ist nur aus der Selbstzerrissenheit u. Sichtselbstwidersprechen dieser weltlichen Grundlage zu erklären. Diese selbst muß also in sich selbst sowohl in ihrem Widerspruch verstanden als praktisch revolutioniert werden. Also nachdem z. B. die irdische Familie als das Geheimnis der heiligen Familie entdeckt ist, muß nun erstere selbst theoretisch und praktisch vernichtet werden.

Intellektuelle denken gern, die gedachte Lösung eines Problems falle mit seiner wirklichen unmittelbar zusammen. Für die meisten Probleme, die Intellektuelle wirklich lieben, gibt es allerdings auch keine gedachte Lösung – zum Beispiel für das sehr grundsätzliche philosophische Problem: Wie kann man überhaupt etwas erkennen?

Lange vor Marx, ja schon vor Plato, hatte man sich damit herumgeschlagen, dass »der Mensch« (eine Abstraktion, übrigens …) Weltsachverhalte nie so erkennen kann, »wie sie sind«, sondern nur so, wie ihm sein Erkenntnisrüstzeug, also die Sinne und das Hirn, diese Sachverhalte darstellen. Kant nennt das via Sinne und Hirn nicht Erkennbare einprägsam »Ding an sich«, und Hegel identifiziert es mit etwas, das er die Absolute Idee nennt (unter anderen Namen kannte sie schon besagter Plato). Wenn wir aber wirklich nicht wissen, wie die Dinge sind, wissen wir eigentlich nicht einmal, was Dinge sind, welche Dinge es gibt und welche nicht und so weiter.

Ein beliebter philosophischer Denkfehler leidet schwer an dieser Überlegung: Da jedes einzelne Sinnesdatum falsch sein kann, könnten womöglich auch alle zusammen falsch sein. Dass das ein Denkfehler ist, lernt man, wenn man sich klarmacht, dass aus dem Umstand, dass jedes Element x einer Menge X die Eigenschaft f haben kann, überhaupt nicht folgt, dass alle zusammen sie haben können (simpelstes Beispiel: Wenn jede einzelne Schülerin einer Mädchenklasse Leistungen erbringen kann, die über dem Durchschnitt liegen, folgt daraus nicht, dass auch alle zusammen Leistungen erbringen können, die über dem Durchschnitt liegen).

In den Feuerbachthesen und nachfolgend in der Lehre des sogenannten »dialektischen Materialismus«, die in diesem Text komplett in Keimform enthalten ist, wird Marx dieses uralte Problem der Unerkennbarkeit des Dings an sich und der Unsicherheit darüber, ob Dinge überhaupt existieren, auf äußerst elegante Art los: Es gibt, sagt er, ein Ding nur dann, wenn man etwas damit machen kann, und man hat dann ein richtiges Bild von diesem Ding, wenn man aufgrund dieses Bildes das, was man machen will, auch tatsächlich erfolgreich machen kann. Engels wird das später so ausdrücken, dass wir gar keinen Grund dafür haben, uns in unserem Erkenntnisstreben verunsichern zu lassen, nur weil wir die Dinge AN SICH nicht erleben können; denn jedes Ding hört auf, uns zu frustrieren, wenn wir daraus ein »Ding FÜR UNS« machen (sein Beispiel ist die künstliche Harnstoffsynthese durch Wöhler, die mit dem Aberglauben aufgeräumt hat, organische Stoffe wie der Harnstoff seien etwas mysteriös anderes als sonstige Chemikalien und daher nicht künstlich herstellbar).

Es gibt Stein und Bein, aber keine Gespenster: Soweit kam, mag man einwenden, Feuerbach auch ohne die dialektisch-materialistische Begründung, einfach per Augenschein. Dass die Dinge an sich weniger belangvoll sind als die Dinge für uns, war im 19. Jahrhundert, Marx hin, Marx her, eine der wirksamsten Epochenideen überhaupt. In Amerika nennt sich dieser Ansatz in jener Epoche »pragmatisch« oder »pragmatistisch« und wird von Menschen namens Charles Sanders Peirce (1839–1914) und William James (1842–1910) realisiert, welche die Tat, die Praxis, ganz wie Marx zum Wahrheitskriterium ernennen, das jede metaphysische Spekulation erübrigt.

Der massive Unterschied zwischen Marx einerseits und den Pragmatisten andererseits ist allerdings, dass die Amerikaner zwar die Abstraktion von der Wirklichkeit, die sich in einem unerkennbaren »Ding an sich« zusammenzieht, fahren lassen, aber an der Abstraktion »der Mensch« festhalten, ganz wie

Feuerbach. Sie denken und schreiben, als wäre dieser Mensch weder sozial noch historisch verschieden, als hinge fürs Erkenntnisvermögen nicht ziemlich viel davon ab, ob man als Adelsspross in der Renaissance, Höhlenkind in der Vorzeit oder Tochter einer Arbeiterfamilie im Manchesterkapitalismus auf die Welt gekommen ist – oder wieder mit Marx, nämlich mit der sechsten seiner Thesen über Feuerbach:

Feuerbach löst das religiöse Wesen in das *menschliche* Wesen auf. Aber das menschliche Wesen ist kein dem einzelnen Individuum inwohnendes Abstractum. In seiner Wirklichkeit ist es das ensemble der gesellschaftlichen Verhältnisse.

Feuerbach, der auf die Kritik dieses wirklichen Wesens nicht eingeht, ist daher gezwungen:

1. von dem geschichtlichen Verlauf zu abstrahieren u. das religiöse Gemüth für sich zu fixieren, u. ein abstrakt – *isoliert* – menschliches Individuum vorauszusetzen.

2. Das Wesen kann daher nur als ›Gattung‹, als innere, stumme, die vielen Individuen bloß *natürlich* verbindende Allgemeinheit gefaßt werden.

Der Schritt, mit dem Marx zum Begründer der Lehre wurde, die wir heute mit seinem Namen verbinden, ist just dieser: Die »Allgemeinheit« des Gattungswesens Mensch, stellt er fest, ist eben nicht natürlich, sondern muss erst hergestellt werden, und zwar auf dem Kampfplatz, von dem Marx schon in der Doktorarbeit schreibt.

Der Materialismus wird von Marx dialektisch dynamisiert, indem er mit dem Wissen an ihn herantritt, dass nicht nur eine falsche Idee eine Voraussetzung für die Auffindung einer richtigen (siehe den Weg vom Naturrecht zu den Menschenrechten), sondern auch eine falsche Praxis die Voraussetzung für die Auffindung einer richtigen sein kann.

Für die Sozialisten der utopischen Tradition, für Fourier oder Saint-Simon etwa, ist der Kapitalismus ein Übel, das es besser nie gegeben hätte. Für Marx stellt sich die Sache anders dar: Das Privateigentum der konkurrierenden Kapitalisten ermöglicht es ihnen, in der Konkurrenz die Industrie zu entwickeln, die Produktivkräfte zu steigern und damit den gesamtgesellschaftlichen Reichtum, die Distanz zur Not der nackten Kreatur, dermaßen zu vergrößern, dass in der nun freiwerdenden Zeit, mit den nun freiwerdenden Kapazitäten für Forschung und Entwicklung wie für demokratische Debatte, auf eine Art und Weise der gesamtgesellschaftlichen Gütererzeugung und -verteilung samt Dienstleistungssektor hingearbeitet werden kann, die der kapitalistischen Fabrikwarenproduktion nicht nur moralisch überlegen wäre und ihre Nachteile vermeiden könnte.

Der Marxist Bertolt Brecht (1898–1956) fasst das in *Me-ti. Buch der Wendungen* treffend zusammen: »Diejenigen, welche sagen: Wenn die Ausbeutung der Menschen abschaffbar wäre, dann wäre sie schon längst abgeschafft, sind im Unrecht. Sie war immer drückend, aber sie konnte nicht immer abgeschafft werden.«

Der Kapitalismus ist für Marx das historisch einmalige Ereignis einer Form von Ausbeutung, die so viel Reichtum produziert, dass die Abschaffung der Ausbeutung auf die Tagesordnung genommen werden kann.

Sieht man das vorhandene Falsche nicht einfach als einen Fehler an, der aufgrund falscher Ideen in die Irre geht, sondern als einziges vorhandenes Reservoir für die richtige Praxis, dann wird man sich über Leute, die glauben, es würde schon genügen, den Menschen die falschen Ideen auszutreiben, eher lustig machen.

Das haben Marx und Engels von dem Moment an, da sie dialektische Materialisten wurden, denn auch getan. Was sie zu den sogenannten »Neuen Atheisten« unserer Tage zu sagen hätten, die etwa denken und schreiben, der Irrsinn, der im Nahen Osten und veranstaltet von Terrorzellen, teils nur Ein-Personen-Kommandos, auch in den Ländern des Westens und Nordens derzeit geschieht, liege »am Islam«, haben sie zu den Atheisten und »kritischen Kritikern« ihrer Tage schon unmissverständlich gesagt:

Ein wackrer Mann bildete sich einmal ein, die Menschen ertränken nur im Wasser, weil sie vom *Gedanken der Schwere* besessen wären. Schlügen sie sich diese Vorstellung aus dem Kopfe, etwa indem sie dieselbe für eine aber gläubige, für eine religiöse Vorstellung erklärten, so seien sie über alle Wassersgefahr erhaben. Sein Leben lang bekämpfte er die Illusion der Schwere, von deren schädlichen Folgen jede Statistik ihm neue und zahlreiche Beweise lieferte. Der wackre Mann war der Typus der neuen deutschen revolutionären Philosophen.

Anstelle von Hirngymnastik gegen Hirngespinste setzten Marx und Engels die Konfrontation mit den wirklichen Lebensverhältnissen der Leute, von der Arbeitsteilung (zwischen Kopf und Hand, zwischen Stadt und Land usw.) bis zur hohen Politik.

Die harte Differenz zwischen dem, was Materialisten vor Marx glaubten, und dem, was er zur Grundlage seiner Analysen machte, lässt sich an einem Beispiel aus der Gegenwart verdeutlichen: Idealismus würde sagen, die Entdeckung der mathematischen Prinzipien hinter der modernen Informationstechnik durch Alan Turing, Claude Shannon und andere seien »der Grund für das Internet«. Materialisten wie die französischen Aufklärer oder Feuerbach würden entgegnen: Unsinn, ohne die Maschinen, die Glasfaserkabel, die drahtlosen Sender und Empfänger gäbe es gar kein Internet.

Marx hingegen sieht beides, die Prinzipien wie die Maschinen, nur als zwei notwendige, nicht als hinreichende Bedingungen. Die hinreichende Bedingung für die Entstehung des World Wide Web war vielmehr der Staat als Besitzer von Forschungseinrichtungen sowohl militärischer wie ziviler Art, also die Verwendung von Steuergeldern dafür, dass zunächst die amerikanischen Streitkräfte die Entwicklung des DARPANETs bezahlen und dann physikalische Institute die Weiterentwicklung der entsprechenden Technik bis hin zu dem leisten konnten, was wir heute als globales Datennetz nutzen.

In einem Brief an den russischen liberalen Schöngeist Pawel Wassiljewitsch Annenkow (1813–1887) vom 28. Dezember 1846 wendet Marx sich gegen die Verwechslung des Materialismus der Sachen, den er für unzulänglich hält, mit seinem eigenen Materialismus der Praxis:

Die Maschine ist ebensowenig eine ökonomische Kategorie wie der Ochse, der den Pflug zieht. Die gegenwärtige Verwendung der Maschinen gehört zu den Verhältnissen unseres gegenwärtigen Wirtschaftssystems, doch die Art, wie die Maschinen ausgenutzt werden, ist etwas völlig anderes als die Maschinen selbst. Das Pulver bleibt das gleiche, ob man sich seiner bedient, um einen Menschen zu verletzen oder um die Wunden des Verletzten zu heilen.

Eine Anwendung des Gedankengangs auf die jüngere Zeitgeschichte fällt nicht schwer: Die Staaten, die ihrem Militär und ihren Akademikern ermöglichten, das Internet zu erfinden, verwandten dafür Steuergelder. Sobald die Sache ökonomisch tragfähig geworden war, konnten diejenigen Bürger, die über genügend Startkapital verfügen, die neue Informationsverarbeitungs- und Kommunikationstechnik nutzen, um Unternehmen wie Amazon oder Facebook auf ihre jeweiligen Gleise zu stellen.

Marx wollte verstehen, wie dieses Spiel funktioniert. Deshalb unterzog er auch die Anschauungen sozialistischer, anarchistischer, utopischer Weltverbesserer seiner Epoche einer strengen Kritik. Ausgiebig ärgerte er sich dabei über die Unordnung, in der sein französischer Gegner Pierre-Joseph Proudhon (der Mann, der den berühmten Satz »Eigentum ist Diebstahl« gedichtet hat, 1809–1865) die wirtschaftliche Konkurrenz der Unternehmen, das Preisdiktat von Monopolen, die Steuer, die Polizei, den Handel, den Kredit und das Eigentum in seinen Attacken auf die kapitalistische Wirtschaftsweise wild durcheinanderwarf, ohne sich dafür zu interessieren, was jeweils zuerst kam und wie die Teile des Systems, dem er im Namen der Armen böse war, ineinandergriffen.

Marx war wie vom Blitz getroffen, als ihm beim Studium von Archiven und Nachrichten etwa aufging, dass das moderne Kreditwesen in England im 18. Jahrhundert nicht Ergebnis des Wirtschaftens mit Maschinerie und Industrie war, sondern deutlich vor dieser Industrie und Maschinerie aufgekommen. Das Kreditwesen enthüllte sich ihm als Voraussetzung der Industrie, nicht umgekehrt, es verhielt sich also hier schon ähnlich wie später bei der militärischen und zivilen staatlichen Großforschung als Voraussetzung für das World Wide Web.

Ich habe diese beiden Umbrüche in Wirtschaft und Gesellschaft nicht zufällig einander direkt gegenübergestellt. Sowohl die Industriegesellschaft wie die neuerdings so genannte Informationsgesellschaft kamen auf eine Weise in die Welt, die ganz verschiedene Beobachter dazu bewog, von »Revolutionen« zu reden, also von der Industriellen Revolution oder der informationstechnischen Revolution.

Das Wort »Revolution« kommt ursprünglich aus der Astronomie, einer der neuen Wissenschaften, die das Bürgertum förderte, weil sie einen wirtschaftlichen Nutzen (etwa für die Seenavigation) abwarfen. Gemeint war in der Astronomie mit »Revolution« die Umlaufbahn eines Himmelskörpers um einen anderen.

Etwas geht im Kreis, bis es an seinen Ausgangspunkt zurückkehrt: Von dieser Figur beeindruckt, nannten die Bürger im 17. Jahrhundert in England ihre politische Tat die »glorious revolution«, also das Zurückwälzen der Gesellschaft an den Punkt, an dem sie entsprungen war, nämlich das produktive, fleißig kooperative, gerade in der Konkurrenz fruchtbare Zusammenwirken der Gesellschaftsglieder, das ihrer Ansicht nach durch übertriebene feudalabsolutistische Macht aus dem Ruder gelaufen war. Eine Korrektur sollte diese Revolution sein, während sie in Wirklichkeit einfach ein historisch durchaus neuer bürgerlicher Sieg über den Adel war. Der Name »Revolution« stand fortan eine ganze Weile für solche bürgerlichen Siege, und sein Sinn als »Wiederherstellung« ging verloren, bis Marx ihn dialektisch neu fasste: Ja, eine Revolution sei in der Tat ein großer Umlauf, eine Rückkehr, aber nicht im Kreis, sondern als Spirale, also »der selbe Punkt, aber höher«, d. h., auf höherem Stand der Produktivkräfte. Die Urzeit kannte das Gemeineigentum, einen primitiven Kommunismus der Armut und Not, roh, naturwüchsig, der endete, als die Arbeitsteilung begann, die notwendig war, um die Natur (etwa durch Ackerbau und Viehzucht) effektiver für menschliche Bedürfnisse zu nutzen. Als Rückkopplungswirkung dieser Arbeitsteilung etablierten sich im Innern der Gesellschaft funktionale Hierarchien, die Klassen. Marx und Engels schreiben in ihrem gemeinsamen Anlauf zum neuen Geschichtsbild, dem Buch *Die deutsche Ideologie*, entstanden in den Jahren 1845 und 1846:

Sowie nämlich die Arbeit verteilt zu werden anfängt, hat Jeder einen bestimmten ausschließlichen Kreis der Tätigkeit, der ihm aufgedrängt wird, aus dem er nicht heraus kann; er ist Jäger, Fischer oder Hirt oder kritischer Kritiker und muß es bleiben, wenn er nicht die Mittel zum Leben verlieren will – während in der kommunistischen Gesellschaft, wo Jeder nicht einen ausschließlichen Kreis der Tätigkeit hat, sondern sich in jedem beliebigen Zweige ausbilden kann, die Gesellschaft die allgemeine Produktion regelt und mir eben dadurch möglich macht, heute dies, morgen jenes zu tun, morgens zu jagen, nachmittags zu fischen, abends Viehzucht zu treiben, nach dem Essen zu kritisieren, wie ich gerade Lust habe, ohne je Jäger, Fischer, Hirt oder Kritiker zu werden. Dieses Sichfestsetzen der sozialen

Tätigkeit, diese Konsolidation unsres eignen Produkts zu einer sachlichen Gewalt über uns, die unsrer Kontrolle entwächst, unsre Erwartungen durchkreuzt, unsre Berechnungen zunichte macht, ist eines der Hauptmomente in der bisherigen geschichtlichen Entwicklung, und eben aus diesem Widerspruch des besondern und gemeinschaftlichen Interesses nimmt das gemeinschaftliche Interesse als Staat eine selbständige Gestaltung, getrennt von den wirklichen Einzel- und Gesamtinteressen, an, und zugleich als illusorische Gemeinschaftlichkeit, aber stets auf der realen Basis der in jedem Familien- und Stamm-Konglomerat vorhandenen Bänder, wie Fleisch und Blut, Sprache, Teilung der Arbeit im größeren Maßstabe und sonstigen Interessen – und besonders, wie wir später entwickeln werden, der durch die Teilung der Arbeit bereits bedingten Klassen, die in jedem derartigen Menschenhaufen sich absondern und von denen eine alle andern beherrscht. Hieraus folgt, daß alle Kämpfe innerhalb des Staats, der Kampf zwischen Demokratie, Aristokratie und Monarchie, der Kampf um das Wahlrecht etc. etc., nichts als die illusorischen Formen sind, in denen die wirklichen Kämpfe der verschiednen Klassen untereinander geführt werden [...] und ferner, daß jede nach der Herrschaft strebende Klasse, wenn ihre Herrschaft auch, wie dies beim Proletariat der Fall ist, die Aufhebung der ganzen alten Gesellschaftsform und der Herrschaft überhaupt bedingt, sich zuerst die politische Macht erobern muß, um ihr Interesse wieder als das Allgemeine, wozu sie im ersten Augenblick gezwungen ist, darzustellen.

Konsequenzen organisieren

Ein Jahr nach Niederschrift dieser Sätze gingen Marx und Engels als erste praktische Konsequenz daraus ein Bündnis mit einer kleinen Gesellschaft von Radikalen ein, die sich »Bund der Kommunisten« nannte. Das war kein reiner Debattier-, sondern ein umtriebiger Propagandazirkel; Vorbild für dergleichen waren die revolutionären Clubs des Bürgertums vor 1789. »Kommunismus« hieß bei Marx und Engels zu dieser Zeit bereits recht präzise nicht mehr »allen gehört alles«, sondern Vergesellschaftung der Produktionsmittel, Abschaffung der Warenwirtschaft (Dinge werden nicht mehr produziert, um verkauft zu werden, sondern, um verbraucht oder anders genutzt zu werden), Abschaffung der Lohnarbeit und gemeinschaftliche, planvolle Weiterentwicklung der Produktivkräfte und der Produktionsabläufe bis hin zu dem Fluchtpunkt, an dem für die Erzeugung von Gütern der Grundsatz »Jeder nach seinen Fähigkeiten, jedem nach seinen Bedürfnissen!« gilt. Wohlgemerkt: »als Fluchtpunkt«, als gemeinschaftlich angegangener Zweck, bis zu dem ein weiterer geschichtlicher Prozess, eben die Vervollkommnung der Produktivkräfte und Produktionsabläufe, organisiert werden muss.

Hier unterschieden Marx und Engels sich erneut von Utopisten und Anarchisten, die meinten und bis heute meinen, ein solcher Fluchtpunktzustand ließe sich einfach beschließen und verfügen, wenn nur erst der bürgerliche Staat zerschlagen und die Bourgeoisie enteignet wären.

Marx und Engels gingen davon aus, dass die Kapitalisten den Reichtum der Gesellschaft niemals bis zu dem Punkt der hierarchie-unabhängigen Bedürfnisbefriedigung entwickeln würden, da sie das ja nicht zum Zweck ihrer Aktivitäten hat-

Das Manifest

auf Platz 4 der
10 bestverkauften
Bücher aller Zeiten

 ein Symbol entspricht
100 Mio. verkauften Büchern

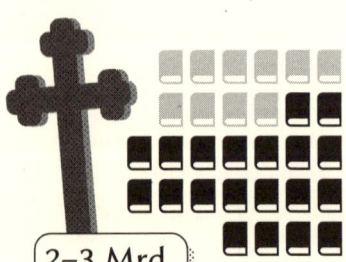

2–3 Mrd.
Die Bibel
Heilige Schrift
Erschienen: 1400 v. Chr. – 100 n. Chr.

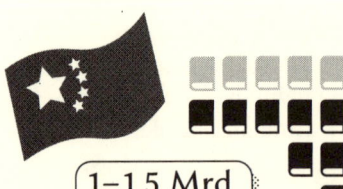

1–1,5 Mrd.
Worte des Vorsitzenden Mao Tse-tung
Autor: Mao Tse-tung
Erschienen: 1965

500 Mio.
Das Manifest der Kommunistischen Partei
Autor: Karl Marx / Friedrich Engels
Erschienen: 1848

800 Mio.
Der Koran
Autor: Mohammed
Erschienen: 8. Jh.

400 Mio.
Xinhua Zidian
Autor: Wei Jiangong
Erschienen: 1957

400 Mio.
*Gedichte des
Vorsitzenden Mao*
Autor: Mao Tse-tung
Erschienen: 1966

200 Mio.
*Eine Geschichte
aus zwei Städten*
Autor: Charles Dickens
Erschienen: 1859

150 Mio.
Scouting for Boys
Autor: Robert Baden-Powell
Erschienen: 1908

150 Mio.
Der Herr der Ringe
Autor: J. R. R. Tolkien
Erschienen: 1954/55

120 Mio.
Das Buch Mormon
Autor: Joseph Smith
Erschienen: 1830

107 Mio.
*Harry Potter und
der Stein der Weisen*
Autor: Joanne K. Rowling
Erschienen: 1997

ten, sondern den Profit – genau dies, nichts Komplizierteres oder Metaphysisches, ist mit der Marx'schen Formulierung vom Kapitalismus als »Fessel der Produktivkräfte« gemeint.

Die einzigen, die daran, dass die Produktivität bis zum Kommunismus weitergetrieben wird, ein unmittelbares Interesse haben, sind die Lohnabhängigen und sonstigen Kapitallosen, die zu diesem Zweck laut Marx die politische Macht erobern und zunächst einen »Kommunismus niederer Stufe« einrichten müssen, der noch nicht nach dem (erst bei kommunistisch entwickelten Produktivkräften verwirklichbaren) Prinzip »Jeder nach seinen Fähigkeiten, jedem nach seinen Bedürfnissen!«, sondern nach dem zur weiteren Produktivkraftentwicklung nötigen Anreizprinzip »Jeder nach seinen Fähigkeiten, jedem nach seinem Beitrag!« funktioniert – allerdings mit fixer Untergrenze. Denn niemand soll im Sozialismus verkommen, auch nicht die Kranken, Alten und anderweitig am Beitrag zur Produktion Gehinderten. Schon im Kapitalismus zur Zeit von Marx und Engels war man ja so weit, dass die ärgsten Formen von Hunger und Elend längst nicht mehr nötig gewesen wären, so unnötig waren wie die Sklaverei in den entwickelten USA oder Monarchie und Patriarchat im ausgereiften bürgerlichen Zeitalter.

Der Bund der Kommunisten war von diesem historisch-materialistischen Ansatz rasch überzeugt, den die beiden Neumitglieder auf dem zweiten Kongress in Brüssel 1847 vorstellten, ohne Bezug auf das Buch *Die deutsche Ideologie*, das lange niemand kennenlernen würde – die beiden Verfasser überließen das Manuskript, wie Marx später sagte, zunächst der »nagenden Kritik der Mäuse«, da sein eigentlicher Zweck, die Selbstverständigung der Begründer einer neuen revolutionären Theorie, ja erreicht war.

Manuskriptseite des *Manifests*

So wurden Marx und Engels vom Bund damit beauftragt, das *Manifest der Kommunistischen Partei* zu verfassen, das im Februar 1848 dann in London erschien – gleichsam fünf Minuten vor 12, bevor in Kontinentaleuropa die schwersten sozialen und politischen Erschütterungen seit Jahren stattfanden, nämlich im selben Monat in Frankreich und im Monat darauf in Österreich, Preußen und dem Deutschen Bund, dem beide angehörten.

Die Geschichte schien bereit, sich nach neuen Ideen zu richten, und was bisher als Konstantenreihe in Gleichungen fürs Gesellschaftsverhalten gegolten hatte, offenbarte seinen Charakter als Arrangement durchaus variabler Größen.

Vom Kapitalismus zum Kommunismus

Falsche und richtige Zusammenhänge der Produktion

Was ist konstant, was ist variabel?

Um Variablen nicht nur im Sozialen von Invarianten unterscheiden zu können, muss man in der Lage sein, nicht essentialistisch, sondern relational zu denken. Das klingt kompliziert, ist aber einfach: Essentialistisch, also nach seinem angenommenen inneren Wesen bestimmt, ist zum Beispiel der Lungenfisch als entwicklungsgeschichtliches Zwischenwesen zunächst ein Tier mit Kiemen und Lunge. Relational bestimmt man dasselbe Tier, indem man es von anderen unterscheidet: von Fischen einerseits und Landtieren andererseits. Im Gegensatz zum kiemenatmenden Fisch kann der Lungenfisch auch an Land überleben, im Gegensatz zum lungenatmenden Landtier auch im Wasser. Essentialistisch heißt also: »Was ist das Ding für sich genommen?«, relational heißt: »Wie ähnelt es andern Dingen, wie ist es von diesen verschieden?«

Für die Gesellschaftsanalyse ist die relationale Sichtweise besonders günstig, weil so viele funktionale Eigenschaften des Sozialen historisch selbst relational ausgebildet wurden, etwa

Planstellen der Arbeitsteilung, Geschlechterrollen, Klassendifferenzen. Jemand ist Chef, weil (und nur so lange) andere ihm gehorchen, er hat das nicht in den Genen oder anderen Essenzverankerungen, auch wenn der Erbmonarchismus und das Gottesgnadentum, an die Rosa Luxemburg in ihrer Parallelsetzung zwischen Patriarch und König erinnert, eben dies behaupten. Solche Behauptungen – eine gesellschaftliche Relation, ein Verhältnis zwischen Menschen, wird zu einer Eigenschaft einer Person oder eines Dings erklärt – hat Marx als Eckpfeiler zahlreicher herrschaftsstützender Ideologien identifiziert: Dort werden Variablen zu Invarianten des Gesellschaftlichen erklärt, damit man so tun kann, als müsse das, was irgendwie ist, auch zwingend genau so sein.

Marx neigte dazu, derlei mit dem Aberglauben der von der Bourgeoisie verachteten »Wilden« zu vergleichen, und kränkte abendländische, westliche, nördliche, reiche Nutznießer dessen, was im »Manifest« die »sogenannte Zivilisation« heißt, gern und oft damit, ihre Gewohnheit, bestimmte gesellschaftliche Verhältnisse für Sachzwänge zu halten, mit der Frechheit, ihnen vorzuhalten, diese Gewohnheit sei um nichts besser, aufgeklärter oder klüger als der Animismus, der ein Stück Holz oder einen Stein anbetet, einen »Fetisch«. So spricht Marx beispielsweise immer dann vom »Warenfetisch«, wenn er sagen will, dass die Eigenschaft eines bestimmten, von Menschen erzeugten Dings, zum Verkauf zu stehen, einen Preis zu haben und so fort, in Wirklichkeit ein Verhältnis von Menschen zueinander (als Produzierende, Anbietende, Kundschaft usw.) und zu diesen Dingen ist. Denn in Tauschgesellschaften »haben« dieselben Dinge plötzlich keinen »richtigen Preis« mehr, und wer nur für sich selbst das herstellt, was man auch verkaufen könnte, wird den Preis und andere Wareneigenschaften schwerlich vermissen. Die Ware als soziale Form ist also eine der Variablen der sozialen Invariante, dass Menschen Dinge hervorbringen können, die ohne sie nicht auf der Welt wären.

Menschen produzieren Gebrauchswerte – und zwar sehr bald mehr, als sie verbrauchen, nämlich sobald sie rauskriegen, wie das geht. Man darf hier nicht nur an Nahrungsmittel denken – ein Haus steht eine ganze Weile; wenn es ordentlich gebaut ist, kann man Generationen den Hausbau ersparen. Gerade dieser Punkt macht das »Baugerüst«-Gleichnis von Douglass so griffig: Der von den Sklaven erwirtschaftete Reichtum wird nicht einmal von den gierigsten Sklavenhaltern ganz aufgezehrt. Einen solchen Überschuss gibt es in ganz verschiedenen gesellschaftlichen Produktionsordnungen. Marx nennt ihn das Mehrprodukt, und sieht dieses Mehrprodukt sowohl als etwas, das in so gut wie jeder konkreten historischen Lage vorkommt, wie als etwas, das, großräumig gesehen, historische Lagen verändert. Das Mehrprodukt ist geschichtsbildend.

Zu der Zeit, als Marx sich vornahm, die Sache zu begreifen, gab es eine produktive Relation von Menschen zu Menschen, die den meisten Reichtum produzierte, den die Welt je gesehen hatte: das industrialisierte kapitalistische Produzieren. Diese Art, das Mehrprodukt zu erzeugen und damit zu wirtschaften, schien nicht allein energetisch effektiver als jede vorherige. Ihre Erschließung und Zuteilung von Ressourcen, ihre Varianten der Arbeitsteilung eroberten buchstäblich den Planeten.

Marx war nicht Hegel, er sah darin keine vom Weltgeist verordnete Zwangsläufigkeit. Noch in einer sehr späten Phase der Zusammenfassung seiner Funde zu dieser Frage, im Fragment gebliebenen, nach Marxens Tod von Engels finalisierten und herausgegebenen dritten Band des ökonomiekritischen

Hauptwerks *Das Kapital*, sagt Marx, dass die verschiedenen Formen der Herstellung des Mehrprodukts durch abhängige, ihrer eigenen geschichtsbildenden Kraft »entfremdete«, also ausgebeutete gesellschaftliche Gruppen und der Aneignung dieses Mehrprodukts durch herrschende, politisch freie und also ausbeutende Gruppen im historischen Ablauf keineswegs sauber sortiert nacheinander und nach ihrer Überschreibung durch andere etwa unwiederholbar auftreten. Reste von alten Formen können lange fortbestehen, während Vorwegnahmen von neuen Formen manchmal sehr früh auftreten. Die vulgärmarxistische Eselsbrücke, entsprechend der zuerst die Sklaven das Mehrprodukt erwirtschafteten und die Sklavenhalter es an sich nahmen, um den Sklaven nur den Teil zu erstatten, der sie gerade noch überleben ließ, danach die Grundherren der Feudalzeit ihren Besitz von Grund und Boden zum Anspruch aufs landwirtschaftliche Mehrprodukt nutzten, das die Leibeigenen und anderen Bauern erwirtschaftet hatten, woraufhin schließlich die Kapitalisten als Fabrikherren ihre Proletarier reinlegten, mag als grobe Orientierung hingehen. Aber was die Kapitalisten treiben, ist komplizierter: Im Kapitalismus wird das Mehrprodukt in besonderer Gestalt, als Mehrwert, sozial erzeugt und privat angeeignet, wo es sich im sogenannten Profit niederschlägt – formal als Verwandlung von Geld in Waren und dieser Waren wiederum in mehr Geld. Dieser Vorgang zieht und saugt permanent auch ältere und andere Wirtschaftsweisen und Erzeugungsformen des Mehrprodukts in seine Spiralen, zum Beispiel die Grundrente, den Gewinn aus Landbesitz.

Von dem Moment an, da Marx sich in London nach den fehlgeschlagenen kontinentaleuropäischen Umsturzversuchen von 1848 ernstlich mit diesen Problemen befasste und Anlauf zum *Kapital* nahm – erste Station dieses Weges war die Veröffentlichung des Traktats *Zur Kritik der Politischen Ökonomie* 1859, bis zum ersten Band des Hauptwerks ging's dann noch einmal acht Jahre –, wurde ihm klar, dass die Erklärung der Herkunft des Kapitalismus einerseits und die Betrachtung seiner inneren Funktionsweise andererseits einander nicht nur ergänzen, sondern auch widersprechen konnten, dass er also auf ein wahres Schlangennest an dialektischen Widersprüchen gestoßen war und es beispielsweise auch mitten im Kapitalismus noch (oder: wieder) Sklaverei geben konnte, und umgekehrt, dass selbst die Analyse und Bestimmung dessen, was nun eigentlich »Sklaverei« sei, auf verschiedene Ausprägungen dieses Verhältnisses achten muss.

Es macht eben auch für die Sklaven selbst einen Unterschied, ob man sich auf einer frühen (von Marx »patriarchalisch« genannten) Sklavereistufe befindet, auf der die Sklaven etwa nur direkt für den Verbrauch des Haushalts ihres Herrn produzieren, oder auf einer späten, sozusagen der Südstaaten-Stufe, auf der sie für den Weltmarkt produzieren (diesen Unterschied kennen gerade die rechnenden Sklavenhalter sehr gut).

Dasselbe bei feudalen und quasifeudalen Zuständen: Auch da gibt's eine primitive Stufe, bei welcher »der Grundeigentümer«, wie Marx im erwähnten dritten *Kapital*-Band schreibt, auf einer Gutswirtschaft »die Bebauung für eigene Rechnung betreibt, die sämtlichen Produktionsinstrumente besitzt, und die Arbeit sei es unfreier, sei es freier, mit Naturallieferung oder mit Geld bezahlter Knechte ausbeutet«. Die primitiven Formen »auf eigne Rechnung« sind die einfachsten, der differenzierteren Analyse fast nicht zugänglichen:

Grundeigentümer und Eigentümer der Produktionsinstrumente, daher auch direkter Exploiteur [Ausbeuter] der unter diese Produktionsinstrumente zählenden Arbeiter, fallen hier zusammen. Ebenso fallen Rente und Profit zusammen, es findet keine Trennung der verschiedenen Formen des Mehrwerts statt. Die ganze Mehrarbeit der Arbeiter, die sich hier im Mehrprodukt darstellt, wird ihnen direkt vom Eigentümer sämtlicher Produktionsinstrumente, zu denen der Boden und in der ursprünglichen Form der Sklaverei die unmittelbaren Produzenten selbst zählen, extrahiert. Wo kapitalistische Ausbeutung vorherrscht, wie in den amerikanischen Plantagen, wird dieser ganze Mehrwert als Profit aufgefaßt; wo weder die kapitalistische Produktionsweise selbst existiert, noch die ihr entsprechende Anschauungsweise aus kapitalistischen Ländern übertragen ist, erscheint er als Rente.

Dass, wie man sieht, der von Unterworfenen hervorgebrachte Reichtum in ganz verschiedenen Formen erscheinen kann, aber jedesmal recht ähnliche soziale Gründe hat, dass er unterschiedlich angeeignet wird, dass Besitz einer bestimmten Sorte Vermögen, welche erlaubt, fremde Arbeit auf gänzlich abstrakte Art zu kommandieren, Vorentscheidungen darüber trifft, wer mit wem was anstellen darf – dieser vertrackte Zusammenhang verurteilt das, was Marx mit einem zu seiner Zeit schon fest etablierten Namen »politische Ökonomie« nennt, von vornherein dazu, eine äußerst verwickelte Wissenschaft zu sein.

Aufgekommen ist diese Wissenschaft in der schottischen Aufklärung, also an einem wahren Hot Spot des bürgerlichen Emanzipationsdenkens. Bürgerliche Philosophen machten sich da, sobald es bürgerliche Philosophen gab, Gedanken über das Eigentum, die weit weniger naiv waren als manches, was sich heute Kapitalismuskritik schimpft.

Dass es mit dem Recht auf Besitz eine besondere Bewandtnis hat, weil es andere Rechte einschränken, ja deren Existenz bedrohen kann, steht am Anfang der Überlegungen bürgerlicher Denker zum Thema.

Wenn Besitz heißt, mir gehört das, was ich mir nicht nehmen lasse, was ich verteidigen kann, wieso sollte dann nicht auch jemand den Nebenmenschen besitzen dürfen, oder zumindest etwas, das dieser zum Leben braucht, woraufhin er ihn erpressen kann, auf manches Recht zu verzichten? Die Schwierigkeit liegt auf der Hand: Kann ein Recht, das andere Rechte gefährdet, überhaupt ein Recht sein?

Für den Bourgeois musste irgendeine Form von Eigentumsrecht notwendigerweise zu den Grundrechten gehören – aus gar nicht einmal schäbig eigennützigem Grund: Diese Bürger konnten ein trübes Lied singen von ökonomisch-politischen Einrichtungen, in denen der schönste Einfall zur Produktivitätssteigerung nichts brachte, weil irgendein feudaler Idiot dessen Erzeugnisse einfach legal rauben konnte.

Die Aneignung, die auf der Scholle geschah, war offen – Herrschaft erschien als nackter Diebstahl, und der Wunsch nach Gerechtigkeit als Gleichheit der Ausgangsbedingungen für Teilnehmer am Markt verlangte, dass derlei verboten sein soll. Wer Diebstahl verbieten will, muss Besitz definieren und Besitzrecht. Die naheliegende Idee, auf die führende Denker des Bürgertums in diesem Moment verfielen, war, das Besitzrecht an die Produktivität zu koppeln: Schmarotzer raus, die Adligen bringen nichts hervor, im Gegensatz zu uns Unternehmern, die ja Wertschöpfung organisieren. Die erste Form der Erläuterung (oder weniger fromm gesagt: der Rechtfertigung) des Eigentums in der bürgerlichen Ideologie war folglich eine Art Urheberrecht: Der Mensch gehöre sich selbst, weil ihn sein Möchtegernbesitzer nicht hergestellt habe, und da das so sei, müssten ihm auch seine Hervorbringungen gehören, d. h.: alles, was eine Person erarbeitet, sich produktiv aneignet – so schrieb John Locke (1632–1704) in seinem grundlegenden Text moderner politischer Philosophie *Two Treatises of Government* (*Zwei Abhandlungen über die Regierung*) 1690.

Die hübsche Folgerung ist eine jener in der Rhetorik sehr beliebten »weil«-, »daher«- und »deshalb«-Fügungen, die mit Logik nicht mehr gemein haben als die syntaktische Gestalt (»weil ich aus Köln komme, deshalb bin ich lustig« – na ja). Was Locke hier als Grund für das Postulat »Eigentum ist Menschenrecht« setzt, bedarf durchaus selbst einer Begründung, die er aber lieber weglässt; vielleicht ist ihm auch keine eingefallen. Warum denn gehört mir, was ich herstelle? Schon die Voraussetzung »Am Recht auf die eigene Person zweifelt niemand, kein Mensch kann auf mich Anspruch erheben, weil mich kein Mensch geschaffen hat!« ist windig. Denn es verhält sich in der gesellschaftlichen Welt, wie Marx und Engels in der *Deutschen Ideologie* zugespitzt sagen, in der Tat so, »dass die Individuen allerdings *einander* machen, physisch und geistig« und gerade der »gemachte Mann« von allerlei Arbeit anderer dazu gemacht wird. Wir könnten nämlich nicht einmal wie Menschen denken, also: im eigenen Kopf sprechen, d. h. nicht einmal jenes Verhältnis zu uns selbst und unserer sozialen wie sonstigen Umwelt erringen und aufrechterhalten, das man Bewusstsein nennt, wenn uns niemand die Sprache beibringen würde.

So anfechtbar der Lockesche Gedankengang ist, war mit ihm dennoch die erste gedankliche Herleitung des Besitzrechtes aus der Herkunft dieses Besitzes ausgesprochen. Damit, was hieraus für die Umgangsformen und für kompliziertere Gesellschaften als die des Selbstverbrauchs und des Tausches folgt, hat sich die nachfolgende Wirtschaftstheorie vor allem in Gestalt der Frage nach dem Wert befasst – dem Wert der Güter, der Arbeit und anderer, abstrakterer Wesenheiten.

Das Rätsel Wert

Das Problem der Wertbestimmung ist für die bürgerliche Ökonomie wie jedes Bestimmungsproblem neuzeitlicher Wissenschaften, die sich ihren Exaktheitsanspruch allesamt bei der Physik abgeholt haben, eins der Bezifferung, des Messens, nicht zuletzt deshalb, weil diese Ökonomie selbst dem Rechnungswesen entspringt.

Galileis und Newtons Physik kann sehr genaue Voraussagen treffen, wenn sie nur messen und rechnen darf, und die bürgerlichen Wirtschaftswissenschaften wollten und wollen das auch. Bei der Wertbestimmung treffen indes schnell subjektive und objektive, gebrauchsbezogene und tauschbezogene, essentielle und relationale Größen, Werte und Preise aufeinander. Es gibt heutzutage ja Finanzproduktwerbung, die das, was man am meisten will, auf Englisch sehr schön als »priceless« bezeichnet, damit ist sicher nicht »worthless« gemeint, eher schon so etwas wie das deutsche »unbezahlbar«.

Einige frühe Versuche, die verschiedenen denkbaren und mehr oder weniger auch praktikablen Wertbestimmungen miteinander abzugleichen und zu systematisieren, verdankt die Menschheit dem Engländer William Petty (1623–1687), der eine Unze Silber, die jemand in Peru aus der Erde geholt hat und nach London bringt, einem Bündel Mais gleichsetzte, sofern die Produktion dieser Silbermenge unter den gegebenen Umständen just so viel Arbeitszeit verbraucht wie die Hervorholung des Maisbüschels aus der Erde.

Petty ließ diesen Vorgang allerdings nicht, wie das bürgerliche Denker bei ihren Urzustandserwägungen viel zu oft taten, im vorgesellschaftlichen Nirgendwo stattfinden, sondern machte sich auch gleich über die Konkurrenz der Anbieter des gleichen Gutes Gedanken und versuchte schließlich sogar, herauszufinden, woher der Gewinn eigentlich kommt, den ein Unternehmer macht, der auf einer nicht nur aus Unternehmern bestehenden Welt etwas von Nichtunternehmern herstellen lässt und es verkauft. Damit leistete Petty von seinem für dergleichen aufgrund einer großen Menge von Anschauungsmaterial in der nächsten sozialen Umgebung recht günstigen Beobachtungspunkt im England des 18. Jahrhunderts wichtige Vorarbeit für Adam Smith (1723–1790), *den* bürgerlichen Klassiker der Wirtschaftslehre schlechthin.

Dieser benennt in seinem Hauptwerk *An Inquiry into the Nature and Causes of the Wealth of Nations* (*Untersuchung über Beschaffenheit und Ursachen des Wohlstands der Nationen*, 1776) drei Komponenten des Werts einer Ware, die ein Unternehmer verkauft: Zu nennen sind 1. der Lohn, den er bezahlt, 2. die Grundrente (der Betrag, den ein Kapitalist, der nicht zugleich Bodenbesitzer ist, einem solchen Bodenbesitzer regelmäßig bezahlen muss) und schließlich 3. der Profit, den der Unternehmer als Verkäufer auf diese beiden aufschlägt.

Die Argumentation, mit der Smith dieses Modell in allerlei Kreisläufe von Herstellung, Verteilung und Verbrauch einpasst, ist dem Gegenstand gemäß hochkomplex und kann hier nicht einmal dem Umriss nach wiedergegeben werden. Für den weiteren Gang der Theoriegeschichte entscheidend waren aber ohnehin eher gewisse Wirbelchen, die in seinem Gedankenfluss auftraten, als dessen Gesamtverlauf. Folgen hatte vor allem der Umstand, dass Smith einerseits das, was bei der Arbeit verdient wird, aus dem Wert des Produkts hervorgehen lässt, und andererseits dann diesen Wert über eine Rechnung bestimmen will, in die das eben noch als Epiphänomen Gesehene selbst wieder mit eingeht.

Figuren wie »A besteht aus B und C, aber B besteht aus A und C, wie C aus A und B besteht« begegnen einem da alle paar Seiten, vor lauter Hennen und Eiern gehen die Prioritäten über Kreuz, insbesondere dann, wenn die binnenlogische Herleitung (das A muss diesem B vorgeordnet sein, damit jenes C entspringt) und die genealogische Herleitung (das A war zuerst da, dann erst konnte dieses B entwickelt werden, so dass jenes C sich ergab) selbst quer zueinander liegen.

Die Theorie kam mit Smith also nicht gerade zur Ruhe. So nahm sich ein von Smiths Arbeiten faszinierter Mensch namens David Ricardo (1772–1823) der Sache an, der für die genannten Schwierigkeiten die elegante Lösung vorschlug, der Wert einer Ware beim Tausch hänge eben nicht vom größeren und kleineren Lohn ab, den die Arbeiter bekommen, sondern von der relativen Menge der Arbeit, die für die Herstellung besagter Ware nötig ist, was gerade nicht dasselbe sein muss.

Ricardo sah um sich her das 19. Jahrhundert als voll entfaltetes Industriezeitalter Gestalt annehmen und erkannte auch, dass Leute, die von eigenen Produktionsmitteln durch die Macht des Marktes wegen deren Unrentabilität getrennt wurden, sich als Arbeiter allmählich organisierten, um bei dieser Lohnangelegenheit ein Wörtchen mitzureden, und zwar in »Combinations«, später »Unions«, Gewerkschaften also.

Die politische Ökonomie wurde damit zusehends politischer. Bald forderten diese Leute sogar das Wahlrecht – »Chartisten« nannte sich eine Bewegung, an der noch Marx und Engels Anteil nahmen und deren Hauptprogrammpunkte die politische Freiheit zur Gewerkschaftsbildung, bessere Löhne, das besagte Wahlrecht und die Aufhebung der Kornzölle (also ein Sicherheitsmaximum für Nahrungsmittelpreise, wie es schon Robespierre nach der Französischen Revolution hatte festsetzen wollen) waren.

Das neue Selbstbewusstsein der Arbeiter trug Konflikte mitten auf dem Markt aus, während die ökonomische Theorie anfing, in weiträumigeren Anwendungsgebieten zu denken – Ricardo etwa begriff, dass nicht nur die direkt zur Erzeugung eines Gutes verwendete Arbeitskraft in ihren Wert eingeht, sondern bei zunehmendem Grad der Vergesellschaftung der Produktion, das heißt der konkreten Verflechtung früher getrennter Produktionszweige bei gleichzeitiger gesteigerter Arbeitsteilung und erhöhter Produktion, tendenziell die Arbeit der ganzen Gesellschaft.

Als Zusammenfassung der gesamten Theoriegeschichte zum betreffenden Themenkomplex, von der Renaissance bis Ricardo, zugleich aber auch als Wendung zur Fundamentalkritik der gesamten kapitalistischen Produktionsweise samt Zirkulation, gelangte so schließlich Marx, nachdem er Ricardo studiert hatte, zu seinem berühmten Wertgesetz. Das besagt, der Wert einer Ware verhalte sich zum Wert jeder anderen Ware wie die zur Produktion der einen Ware notwendige Arbeitszeit zu der für die Produktion der anderen nötigen Arbeitszeit – und zwar, siehe oben, nicht einfach der direkten, kontingenten Arbeitsaufwendung im Einzelfall, sondern der gesellschaftlich durchschnittlich notwendigen Arbeitsaufwendung.

Das klingt abstrakt, wird aber härtestens politisch in dem Moment, in dem eine dieser Waren die Arbeitskraft ist. Denn diese Ware kann man, ich erinnere ans Mehrprodukt, das sie hervorzubringen vermag, tatsächlich dehnen, aufblasen, sie erschafft mehr, als zu ihrer Erhaltung nötig ist und als sie daher mindestens kosten muss.

Brecht lässt das, was daraus folgt, seinen chinesischen Philosophen Me-Ti (an anderen Stellen des Buches: Meti), der für Marx steht, im *Buch der Wendungen*, an dem er zwischen 1930 und 1952, also über zwanzig Jahre lang, gearbeitet hat, anschaulich erklären:

Wenn die Webstühle verbessert werden, dann können an einem Webstuhl fünf Weber hundertmal so viel Tuch weben als bisher. Aber nicht das so vermehrte Tuch bringt den Gewinn, sondern die fünf Arbeiter bringen ihn. Das hat folgenden Grund: Jede Sache bringt nur so viel ein, als zur Zeit ihrer Herstellung Arbeitszeit nötig ist, sie herzustellen. Der Mensch, der den Webstuhl kauft, kauft auch Arbeiter, oder vielmehr, er kauft ihre Kraft, und zwar für ganze Arbeitstage. Der Webstuhl, die Baumwolle, der Arbeitsraum, das Öl und die Arbeitskraft kosten so viel, als zur Zeit ihrer Herstellung Arbeitszeit nötig ist, sie herzustellen. Auch das Tuch, das mit dem Webstuhl, der Baumwolle, dem Arbeitsraum, dem Öl und der Arbeitskraft hergestellt wird, bringt nur so viel, als zur Zeit seiner Herstellung Arbeitszeit nötig ist, es herzustellen. Woher soll nun der Gewinn kommen? Wenn alles so viel kostet, als es bringt? Der Gewinn kommt daher, dass von all den zur Herstellung des Tuches nötigen Dingen die Arbeitskraft das einzige ist, was man ausdehnen kann. Das, was zur Herstellung einer täglichen Arbeitskraft nötig ist (dieses Essen, dieses Wohnen, dieses Kleiden, das der Arbeiter jeden Tag braucht, um arbeiten zu können) ist billiger als das, was daraus zu machen ist. Denn der Weber braucht nicht viel mehr, ob er eine Stunde oder einen Tag arbeitet. Darum ist seine Kraft die ergiebigste Ware.

Dies also ist die berühmte »Arbeitswertlehre« von Karl Marx: Man hat sie oft für erledigt, widerlegt, zerstört erklärt, aber in einer langen Debatte mit vielen unerwarteten Umschwüngen, neuen Ansätzen und mathematischen Verfahren bleibt sie bis heute umstritten. Verloren geht bei der Kritik an ihr leicht, wie viel schwächer die Argumentation anderer Linker war, als Marx die seine entwickelte: Von seinen Vorgängern im Bereich der politischen Ökonomie übernahm er vor allem Filter gegen weltfremde Naivität, so etwa gegen den Gedanken, den er bei Anarchisten wie Proudhon schwer rügte, jede Arbeitsstunde sei jeder anderen gleichzusetzen, also die berühmte »Gleichmacherei«, die oft für sozialistisch oder kommunistisch ausgegeben wird, aber eben vergisst, was Ricardo und nach ihm Marx klar sahen – dass nämlich eine geschickte Arbeitsstunde, eine Facharbeitsstunde, also »skilled labour« mehr wert ist als eine einfache, stumpfe. Das liegt auch daran, dass in die (Wieder-)Herstellung der Kraft einer Person, die ein Talent und eine Ausbildung braucht, mehr gesamtgesellschaftliche Durchschnittsarbeit eingeht – sei es die der Ausbildung einer durchschnittlich oder unterdurchschnittlich befähigten Person einerseits, sei es in der Ausfindigmachung (durch Eignungsprüfungen, auf dem Weg der Beförderung usw.) einer besonders begabten Person.

Im Sozialismus, wie Marx ihn entwirft, also dem Kommunismus niederer Stufe, gilt daher mit einer Formulierung von

Engels ein »gleiches Recht, das die Ungleichheit der Leistung anerkennt«. In einer Phase, in der noch kein kommunistischer Überfluss (etwa durch weitestreichende Automatisierung, Effizienz bei der Ressourcennutzung, Computerisierung o. Ä.) herrscht und in der die Gesellschaft ihre Produktion noch zu einem Großteil mit der Produktion von Produktivkräften verbringt, ist die Forderung »Jedem nach seiner Leistung!« nicht zu umgehen, wohingegen Gleichmacherei sofort nach Abschaffung der Lohnabhängigkeit oder der Warenwirtschaft zu »Jedem nach seinen Bedürfnissen!« springen will.

Dass die Binnenschwierigkeiten der von Petty, Smith und Ricardo vorgeformten, von Marx dann als Kritik am Kapitalismus insgesamt vollendeten Arbeitswertlehre in der Gestalt, die diese Lehre schließlich in den drei Bänden des Hauptwerks *Das Kapital* von Marx angenommen hatte, beseitigt gewesen wären, kann man allerdings nicht behaupten.

Im Gegenteil: Marxens Fassung dieser Lehre ließ ein spezifisches Problem jeder derartigen Theorie mit schärfsten Konturen hervortreten, das in den weniger präzisen Vorformen nur zu erahnen gewesen war, nämlich das sogenannte Transformationsproblem. Wegen gewisser Grenzen der Informationsverarbeitung, als die man ökonomische Prozesse ja sehen kann, lässt sich kein transparentes formales Verfahren dafür angeben, wie man von jener gesamtgesellschaftlich-durchschnittlichen Arbeitsmenge zu den Preisen am Markt gelangt.

Schon vor der erst nach Marxens Tod von Engels besorgten Veröffentlichung des dritten *Kapital*-Bandes im Jahr 1894 war ein Streit unter Fachleuten um dieses Thema entbrannt. Engels versprach für den dritten Band eine Lösung, die dann erstens eher skizzenhaft blieb und an der sich zweitens erhebliche Mängel zeigen ließen.

Dass die Preisbildung unter Konkurrenzverhältnissen mit einigen heiklen Größen im Bereich der lebendigen, konkret geleisteten Arbeit wie der (etwa zu Maschinen, die wiederum Zeit sparen) »vergegenständlichten« Arbeit nicht so umspringt, wie sie das nach Marx müsste, hat für mehr als 100 Jahre für Zwist und Konfusion gesorgt, auch unter Marxistinnen und Marxisten, von Joan Robinson (1903–1983) bis Paul Marlor Sweezy (1910–2004), erst Recht bei ihren Gegnerinnen und Gegnern, insbesondere den Freunden der Wiener Grenznutzenlehre (die von Nachfragewertbildung ausgeht) und gemäßigten bis radikalen Liberalen seit Friedrich August von Hayek (1899–1992) und Ludwig von Mises (1881–1973). Die Debatte steht nicht still: Seit der Jahrtausendwende nehmen auch marxismusferne Köpfe einige neue Ansätze der Rekonstruktion, Überarbeitung, Ergänzung oder einfach Rettung der Arbeitswertlehre zur Kenntnis, etwa deren probabilistische (d. h. auf Wahrscheinlichkeiten zielende) Fassung durch die Mathematiker Emmanuel Dror Farjoun (* 1944) und Moshé Machover (* 1936) in *Laws of Chaos. A Probabilistic Approach to Political Economy* (1983) oder ihre Erweiterung auf globale Gegenwartsmarktverhältnisse durch den Ökonomen Samir Amin (* 1931) in *The Law of Worldwide Value* (2010).

Krise und Kampf

Eng verbunden ist die Arbeitswertlehre bei Marx mit seiner Krisentheorie, nämlich der Vorhersage eines tendenziellen Falls der Profitrate. Dieser Absturz reicht über die periodisch auftretenden Überproduktionskrisen, von diesen verursachten Absatzeinbrüche und Wertvernichtungen hinaus als innere Schranke der Akkumulation, also des Wachstums von Kapital an sich: Wenn die Arbeitskraft die einzige Profitquelle ist, der Kapitalist diese Arbeitskraft aber aus Konkurrenzgründen immer produktiver machen muss und sie andererseits selbst beim Absterben von Konkurrenz im Fall von Monopolen soweit verbilligen, nämlich ihren Anteil an der Produktion verringern wird, wie das der Stand der Technik zulässt – dann sägen die Kapitalisten langfristig an dem sprichwörtlichen Ast, auf dem sie sitzen. Das Modell hat seine Tücken schon bei Marx. Die besten unter seinen Schülerinnen und Schülern, von Rosa Luxemburg bis zu westlichen Neo-Marxisten der 1970er und 1980er Jahre, haben sich daran abgearbeitet. Inzwischen gibt es aber allerlei postmarxistische Strömungen, die kaum etwas außer der Krisentheorie von Marx brauchen, um sich in apokalyptischen Szenarien einzurichten, ohne dass in jedem einzelnen Fall dieser Verlautbarungen ersichtlich würde, was die Propheten im Fall des Eintritts dieser Vorhersage des Weltuntergangs eigentlich politisch vorhaben, vom Überleben und Bessergewussthaben mal abgesehen.

Steuerlos sehen diese Leute die Welt in die Katastrophe segeln, aber alle Steuerungsversuche, jedenfalls staatlicher Art, auch wenn sie mit sozialistischer Absicht unternommen werden, lehnen sie ab: Das sei ja schon in Russland schiefgegangen und habe bloß ein rückständiges Land modernisiert, bis es für den Katastrophenkapitalismus reif gewesen sei.

Dass der Weltmarkt überhaupt keine politische Steuerung braucht und schon die beste Überwindung seiner Schwachpunkte und Systemfehler finden wird, weil es ein besseres System der Güterproduktion und Verteilung als das marktwirtschaftlich-kapitalistische gar nicht geben kann, ist unterdessen ein Glaubensartikel, den Radikalliberale seit Marxens

Theorie und als Antwort auf dieselbe ununterbrochen vertreten. Sie versprechen dafür auch allerlei »Beweise« (die aus Gründen der Input-Output-Informatik grundsätzlich gar nicht erlangbar sind), und übersehen zweierlei, etwas Historisches wie etwas Logisches: Historisch hat es, erstens, einen Markt »ohne Staat«, der die Vertragseinhaltung überwacht und dergleichen, nie gegeben, und gerade die größten Gegner von Wohlfahrtsstaat und Verbrauchssubventionierung waren völlig einverstanden damit, gemeinschaftlich Erwirtschaftetes und Gesammeltes, zum Beispiel Steuergelder, zur Stützung ihres geliebten Marktes einzusetzen, von der Rüstungsindustrie bis zur Bankenrettung. Zweitens aber, logisch, ermittelt ein Markt oft nicht einmal die Nachfrage, sondern höchstens die zahlungsfähige Nachfrage, und auch das, siehe Krisen, nicht unfehlbar.

Gerade Krisen und andere Einbrüche in einmal erreichtem Lebensstandard wirken sich in unserer Gegenwart viel eher bei den Abhängigen als bei den Global Players als Dämpfer auf die Kampfmoral im Streit um die Interessendurchsetzung aus. Ich erinnere mich zum Beispiel an eine Veranstaltung einer Gewerkschaft vor wenigen Jahren, auf der darüber lamentiert wurde, man habe es heute schwer, herauszufinden, welche Lohnverbesserungen überhaupt realistischerweise gefordert werden könnten, weil man bei all den modularen, flexiblen, modernen Produktionsabläufen mit den alten Maßgaben »Stücklohn« oder »Stundenlohn« gar nicht mehr erfassen könne, was eigentlich vor sich gehe.

Die naheliegende Antwort, dass die Berechnung von Löhnen gar so schwer oder unmöglich auch wieder nicht sein könne, weil sonst noch viel mehr Firmen viel öfter als in Wirklichkeit pleitegehen würden, deren Kostenstellen das ja auch ermitteln müssten, fiel den Leuten in mehrstündigen Diskussionen nicht ein, und ein besseres Beispiel dafür, dass ihre objektive Lage die Lohnabhängigen allein jedenfalls noch nicht zur Gefahr für die Bewegungsfreiheit des Kapitals macht, sondern etwas hinzutreten muss, das Marx den »subjektiven Faktor« oder das »Klassenbewusstsein« nannte, lässt sich gar nicht so leicht erfinden.

Dass sich solches Bewusstsein nicht spontan unter Leuten bildet, die im Alltag an vielen Fronten sehen müssen, wo sie bleiben, leuchtet ein. Dass es aber Aufgabe aller ist, die über das nötige Rüstzeug verfügen, zur Bildung solchen Bewusstseins ihren Beitrag zu leisten, daran hat Marx auch in den ungemütlichsten Abschnitten seines Lebens festgehalten – so entschlossen wie an dem Ziel,

alle Verhältnisse umzuwerfen, in denen der Mensch ein erniedrigtes, ein geknechtetes, ein verlassenes, ein verächtliches Wesen ist. Verhältnisse, die man nicht besser schildern kann als durch den Ausruf eines Franzosen bei einer projektierten Hundesteuer: Arme Hunde! Man will euch wie Menschen behandeln!

Die Energie, die sich hier in Pathos wie Witz entlädt, hat alle drei großen Arbeitsanstrengungen dieses Denkers und Autors gespeist: die publizistische, die aktiv politische und die gesellschaftstheoretische.

Die lebensgeschichtlich letzte und auf lange Sicht wirkungsvollste war seine theoretische Arbeit seit den späten 1850er- und frühen 1860er Jahren, vom Material *Zur Kritik der politischen Ökonomie* über den ersten Band von *Das Kapital* 1867 bis hin zu den letzten Notizen, die Engels ordnen wollte.

Jenny und Karl Marx 1866

Die zweite, hierzu in vielerlei Hinsicht komplementäre Mühe, der er sich unterzog, war die Arbeit für Organisationen, zunächst also den schon erwähnten Bund der Kommunisten und später dann für die Internationale Arbeiterassoziation (die, weil ihr je nach Zählung zwei oder drei weitere folgten, auch die »erste Internationale« genannt wird) von deren Gründungsversammlung am 28. September 1864 in der Londoner St. Martin's Hall an.

Die dritte Anstrengung schließlich, die oftmals als arbeitsorganisatorisches Bindeglied zwischen den beiden anderen fungiert haben dürfte, war das, was Marx als Journalist und Publizist vollbrachte, von der Etappe bei der *Rheinischen Zeitung* über die mit dem Junghegelianer Ruge herausgegebenen *Deutsch-französischen Jahrbücher*, deren Namensplural die Tatsache verdeckt, dass es nur eine Ausgabe gab, dann das kurze Wiederaufleben seines ersten Zeitungsengagements bei der *Neuen Rheinischen Zeitung*, diesmal als Chef, zwischen 1848 und 1849, und schließlich die in London begonnene Mitarbeit an internationalen, progressiven, meist bürgerlichen Blättern wie der *Neuen Oder-Zeitung* und der *New-York Daily Tribune*, aber auch Organen der radikalen proletarischen Bewegung wie *Notes to the People* oder *The People's Paper*.

Fleißiges Faktensammeln, emsige Spekulation, eine Flut von Veröffentlichungen, organisatorische und agitatorische Tätigkeiten, Streit mit einem Großteil der linken Prominenz seiner Zeit vom Anarchistenhäuptling Pierre-Joseph Proudhon (1809–1865) bis zu irgendeinem zehntrangigen Materialismusprediger namens »Herr Vogt«, der aber auch einen eigenen Text abbekam: Marx hatte viel zu tun. Was sein privates Leben war, schnurrt demgegenüber zu einem kleinen Vorrat an Anekdoten zusammen. Die vier Jahre ältere Jugendliebe

Marx, Engels, der »General«, und Marx' Töchter Jenny, Eleanor und Laura im Urlaub 1864

Jenny von Westphalen, der er früh Gedichte schrieb, hat er schon 1843 geheiratet.

Sie wich ihm nicht von der Seite, drei Töchter hatte er mit ihr. Die persönliche Existenz des Denkers der Freiheit als Abschaffung ökonomischer Nötigung war nicht freier und nicht

Marx Ende April 1882, ein Jahr vor seinem Tod (Foto von E. Duterte, Lebensdaten unbekannt)

verklemmter als die anderer Kleinbürger. Dass er mit dem Dienstmädchen seiner Familie in London einen Sohn zeugte, darf als sehr wahrscheinlich gelten; weniger Entfremdung im Liebesleben war damals kaum zu haben.

War dies ein großes Leben? Ein schweres, ein bitteres?

Auf den Fotos, die wir vom späten Marx haben, sieht er nicht bedrückt oder zermürbt aus, eher vergnügt, ein alter Strolch, der so viel angestellt hat, wie er konnte, und der 1883 starb, wie's ihm wohl recht war: bei der Arbeit.

Von der Vorgeschichte zur Nachwelt

Sozialismus im Osten

Etwas mehr als 30 Jahre war Marx tot, als die »Mächte des alten Europa«, denen das *Manifest der Kommunistischen Partei* einen baldigen Endkampf vorhergesagt hatte, 1914 damit Ernst machten, einander an die Gurgel gingen und den größten Krieg entfesselten, den der Planet bis dahin erlebt hatte.

Kurz vor dem Ende dieses Krieges, im Jahr 1917, gelangte in Russland eine Organisation an die Staatsmacht, die sich das Ziel gesetzt hatte, zumindest den Kommunismus niederer Stufe, den Sozialismus, in ihrem Machtbereich zu verwirklichen. Diese Organisation nannte sich »die Bolschewiki« oder »Mehrheitssozialisten« und stellte den radikalen Flügel der russischen Sozialdemokratie dar. Nach einem weiteren Weltkrieg versuchten sie im Verein mit allerlei Bündnispartnern, diesen Sozialismus noch in einigen weiteren Staaten aufzubauen und aus den Rückschlägen dabei zu lernen.

Der Name Karl Marx wird seither oft in abwertender Absicht gebraucht, wenn man auf schlimme oder heikle Geschehnisse in diesen Staaten weist. Inzwischen kommen wohl auf jedes Büchlein von hundert Seiten, das darstellt, was Marx sich so gedacht und was er dafür getan hat, dass aus diesen Gedanken etwas wurde, ein paar dutzend Bücher, die von Massenhinrichtungen, Gefangenschaft, Aushorchung, der Mauer zwischen dem östlichen und dem westlichen Deutschland sowie manch anderem handeln, das an jenen Orten in jenem Geschichtsabschnitt taten und gelitten wurde.

Manchmal hört oder liest man, der erste und größte Fehler jener Staaten sei gewesen, das Wirtschaftsgeschehen überhaupt als etwas behandelt zu haben, das man politisch steuern könne. Dies aber taten auch anderswo Mächtige.

Der Hauptunterschied zwischen den sozialistischen Experimenten der Integration und Steuerung wirtschaftlicher Abläufe (von Lenins sogenannter »Neuer Ökonomischer Politik in der Sowjetunion« bis zu Walter Ulbrichts »Neuem Ökonomischen System der Planung und Leitung in der DDR«) einerseits und den politischen Eingriffen oder, im Wechsel damit, Eingriffskürzungen in der kapitalistischen Welt andererseits (vom Keynesianismus bis zum Neoliberalismus) ist, dass in den sozialistischen Staaten eine Diktatur herrschte, das wirtschaftliche Handeln dem politischen also offen untergeordnet war.

Im Westen dagegen war die Abneigung der Parteigänger des Bestehenden gegen wirkliche Politik, also den bewussten Teil des Gesellschaftslebens, mitunter so groß, dass eine Marktenthusiastin wie die britische Premierministerin Margret Thatcher (1925–2013) sogar die Existenz dessen, was Politik hervorbringt, bestreiten konnte: »There is no such thing as society!«, so etwas wie eine Gesellschaft gibt es gar nicht.

Die Staaten, die lieber sozialistische als naturwüchsig ungesteuerte sein wollten, gibt es tatsächlich nicht mehr, bis auf letzte Reste in Kuba und Nordkorea, die morgen schon Ge-

Das Karl-Marx-Monument in Chemnitz, von Lew Jefimowitsch Kerbel (1917–2003)

schichte sein können. Das große China macht derweil eine Politik, die Leuten, welche darin nach weitertreibenden Momenten der marxistischen Tradition suchen, oft Denkschwierigkeiten bereitet, auch wenn immerhin ein so unbestechlicher und kluger Marxist wie der Historiker Kurt Gossweiler (1917–2017) seinem chinesischen Kollegen Zhu Dawei (* 1931) 1991 offen bekannte, er habe bei allen taktisch-strategischen Erwägungen durchaus die Hoffnung, »dass es wenigstens Ihrem Lande gelingt, dem vereinten Ansturm des Imperialismus und der Revisionisten standzuhalten«.

Dass die Sojwetunion, der erste unter den Staaten, die mit dem von Marx entwickelten Programm Ernst machen wollten, einen schlechten Start hatte, nämlich einen Weltkrieg, und dass dieser Staat seine Rolle als Weltmacht nach einem noch grausameren Weltkrieg einnehmen musste, der dieses Land entschieden mehr gekostet hatte als seinen Hauptgegner USA im danach beginnenden Systemkampf, daran wird nicht oft erinnert, wenn es darum geht, zu verstehen, wie diese Systemkonkurrenz ausgegangen ist.

Geschichtswissenschaftler, Journalisten und andere für diese Sache vermeintlich Zuständige sind Intellektuelle. Sie sehen in einer solchen Situation nur den Streit zweier Ideensysteme. Startbedingungen sind für sie langweiliger, materieller, irdischer Kram. Hat der Tod jener Staaten auch die Ideen von Karl Marx mit ins Grab gerissen? Dagegen sprechen Gründe auf mehreren Ebenen, auf denen Ideen wirken können, und an mehreren Schauplätzen.

Andere Marxismen

Zum einen hat sich die Geschichte der Analysen und Programme, die Marx entwickelt hatte, durchaus geweigert, nach 1917 allein in der Sowjetunion weiterzugehen. Sie wurde auch von Leuten ergänzt, die zu dem, was im Osten gewagt wurde, kritisch bis ablehnend standen. Als Alternative schlug man etwa vor, der Arbeiterklasse ein unter sowjetischen Bedingungen bald nicht mehr gewährtes Maximum an Macht über alle Bestandteile des revolutionären Prozesses zuzuschanzen, in der Theorie wie in der (bei dieser Strömung eher bruchstückhaften) Praxis. Vertreten wurde derlei von verschiedenen Richtungen zwischen Anton Pannekoeks »Rätekommunismus« bis zum italienischen Operaismus in den 1960er Jahren.

Einen friedlichen Übergang zum Kommunismus niederer Stufe anstelle des von Marx vertretenen revolutionären befürwortete da schon längst eine in der Sozialdemokratie einflussreiche Schule von sogenannten Reformisten, unter denen der prominenteste Eduard Bernstein (1850–1932) gewesen war, zeitweise Chefdenker der Sozialdemokratischen Partei Deutschlands. Der Reformismus war, wie die Arbeitermachtbewegung, auch als praktische Richtung fast das gesamte 20. Jahrhundert lang irgendwo aktiv, zeitweise als südamerikanischer Sozialismus, zeitweise als italienischer »Eurokommunismus« und unter vielen weiteren Namen.

Eine Abspaltung vom sowjetischen Marxismus stellte die Schule Leo Trotzkis (1879–1940) dar, der mit der Machtübernahme seines innerparteilichen Hauptfeindes Josef Stalin (1878–1953) zum Sonderfall eines sich auf Lenin berufenden Sowjetmarxisten wurde, der zugleich Dissident war, deshalb das Land verlassen musste und bis zu seiner Ermordung im mexikanischen Exil in Schriften und Initiativen zur Gründung einer »Vierten Internationalen« nicht müde wurde, eine Rückkehr zu revolutionären Zeiten zu verlangen. Seine Schülerinnen und Schüler engagieren sich bis in unsere Zeit für diese militante Nostalgie.

Als am 1. Oktober 1949 von der Partei des Revolutionärs Mao Zedong (1893–1976) nach deren Sieg die Volksrepublik China ausgerufen wurde, begann eine weitere staatsmarxistische Geschichte, die der sowjetischen in mancher Hinsicht ähnelt, sich in anderer von ihr unterscheidet.

Akademische Folgen hatte Marx unterdessen auch in den nicht zum Bündnissystem der sozialistischen Staaten gehörigen Gegenden, darunter solche, die eine geradezu junghegelianisch anmutende akribische Kritik der Ideologien des kapitalistischen Lebens organisierten. Das Spektrum reicht hier von der sogenannten Frankfurter Schule oder Kritischen Theorie über Louis Althussers (1918–1999) strukturalistischen Marxismus bis zu poststrukturalistischen Theorieansätzen der letzten Jahrzehnte, die Marxsches Erbgut mit allerlei postkolonialen, feministischen oder queeren Konstruktionen kreuzen.

Über das Theoretische hinaus sind unterm Stichwort der »Globalisierungskritik«, d. h. der Feindschaft gegen die auch politisch forcierte Durchsetzung eines kapitalistischen Weltmarkts, seit etwa 20 Jahren allerlei neue Angriffe auf das angetreten, was Marx verabscheute.

In Südamerika haben seit dem Zusammenbruch des sowjetischen Einflussbereichs diverse linkspopulistische Parteien, Bewegungen und charismatische Einzelpolitiker neue Anläufe gestartet, den Kapitalismus zu überwinden, meist konfus und aussichtsarm, aber doch lehrreich.

Marx kam es in Theorie und Praxis darauf an, die soziale Wirklichkeit unter die Bestimmungen der gemeinsam erarbeiteten gesellschaftlichen Vernunft zu stellen. Deshalb sind oft Vernunftmenschen, also eine ganz bestimmte Sorte von Intellektuellen, die Ersten, die an seiner Lehre Gefallen finden, und die Letzten, die von ihr lassen wollen. Dieser Umstand bringt den Nachteil mit sich, dass die Lehre vielerorts von Leuten verwaltet, archiviert, ausgelegt und gepflegt wird, die den Zeitfaktor unterschätzen. Wenn eine historische Arbeit länger dauert, wenn es Misserfolge gibt, die nicht aus logischen und zwingenden, sondern aus den zufälligen Bedingungen folgen, unter denen die vernünftige Lösung umgesetzt werden soll, sind solche Intellektuellen damit überfordert, ihre Modelle den Erfahrungstatsachen anzupassen. Die Diskussionen unter ihnen, die seit dem Zusammenbruch der Sowjetunion über das

Statue von Karl Marx und Friedrich Engels Statue im Memento Park in
Budapest, vormals vor dem Gebäude der Sozialistischen Arbeiterpartei

Vermächtnis von Marx geführt wurden, tun mitunter so, als habe es in der Geschichte noch nie eine soziale Umwälzung gegeben, die mehrere Anläufe gebraucht hat, um sich Geltung zu verschaffen.

Neue, bessere Fehler

Der Kapitalismus, für dessen historische Leistung, allerlei dumpfe Traditionen hinweggefegt zu haben, Marx so viele Worte gefunden hat, mit denen man noch heute naive, sich selbst für Linke haltende Personen verblüffen kann, mag im Vergleich zur Sklaverei und zur Leibeigenschaft noch so einleuchtend sein, er kam dennoch nicht einfach so auf, dass irgendjemand ihn an einer mittelalterlichen Universität ausgeheckt, dann per Brief einigen reichen Leuten empfohlen und anschließend erfreut vom Lehrstuhl aus seinem rasanten Siegeszug in Europa zugeguckt hätte. Das Prinzip des Kapitalismus wurde schon in der Renaissance als Grundlage für Produktion und Reproduktion des Sozialen ausprobiert, aber weil die Einrichtungen, die nötig sind, um Kapital zum Erwerb von Arbeitskraft zu verwenden, die es hinreichend schnell und hinreichend explosiv vermehrt, damit sich der Prozess selbst stabilisiert, noch nicht entwickelt worden waren, blieb dieser frühe Kapitalismus eine Bonsai-Pflanze, zog nicht genügend Nährstoffe aus ihrem begrenzten städtischen Boden, war eben nicht industriell, sondern auf den Handel gestützt, mit dessen Reingewinnen das Kapital aufgestockt wurde, oder auf Geldverleihgeschäfte, die denselben Zweck hatten – sprich: Er brachte es nur zum wenig schwungvollen gegenseitigen Einanderaufschaukeln von Geldmenge und Warenverkehr, wurde aber selbst nicht zur Macht über die Warenproduktion, und musste kurzfristig deshalb verkümmern, bevor er zur geschichtsmächtigen Größe werden konnte. Die Gegenwehr der feudalen Machthaber hielt ihn in den engen politischen Grenzen, die seiner schmalen wirtschaftlichen Basis angemessen waren, und selbst, als die Händler den Weg nach Westen fanden, dauerte es eine Weile, bis sie sich dort so sicher etabliert hatten, um ihre Bevormundung abzuschütteln. Der erste antifeudal-antikoloniale Aufstand, der die Ausrufung der USA erlaubte, fand nicht fünf Minuten nach der Ankunft des Kolumbus in der Neuen Welt statt. Bis dahin hatten die Bürger, die in der Renaissance noch Händler gewesen waren, gelernt, wie sie Fabrikanten oder anderweitig Großproduzenten (zum Beispiel Plantagenherren) werden konnten, und dabei auch den Rückgriff auf sehr rohe Formen der Aneignung der Arbeit anderer nicht verschmäht, etwa die Sklaverei. Die bürgerliche Klasse, die Bourgeoisie, hatte herausgefunden, wie sie das absolute Mehrprodukt erhöht und einen immer größeren Teil davon nicht mehr an ihre adligen Bedrücker und deren absolutistische Geschäftsführung hergeben muss (der erfolgreiche Aufstand der amerikanischen Bourgeoisie hatte seine endgültige Zündung bekanntlich in einer Weigerung dieser Klasse, Steuern nach England abzuführen). Man kann sagen, dass die Bourgeoisie in diesen Kämpfen überhaupt erst lernte, dass sie eine Klasse war. Marx ging davon aus, dass die Arbeiterklasse sich zu der Zeit, da er seine Geschichts- und Revolutionstheorie fand, auf einem ähnlichen Lernweg befand.

Die Intellektuellen, die einstweilen auf dem Material sitzen, das dem historischen Subjekt, welches Marx im Sinn hatte, Beine machen sollen, nennen das, was sie schreiben und denken, auch heute zum Teil Marxismus – »zum Teil« ist kein schlechter Name für das, was daran Marx gehört: Sie brechen Elemente heraus und verabsolutieren sie gern.

Verblüffenderweise findet sich die passende Kritik an den Kurz- oder Weitsichtfehlern, die dabei auftreten, oft schon bei Marx, als Kritik an den Linken seiner Zeit, von den deutschen knorrigen »wahren Sozialisten« über Proudhons Anarchisten bis zu Sozialdemokraten, deren Parteiprogramme Marx und Engels sorgfältig durchleuchtet und häufig mangelhaft gefunden haben. Unter ihren heutigen neuen Namen hätten sie ihnen bestimmt nicht besser gefallen.

Eine so explosive Mischung aus Antikapitalismus und Zerstörung linker Illusionen wie die von Marx ausgeheckte hat man seither nicht wieder erlebt. Bei manchen jüngeren Versuchen dazu wäre etwas mehr heiße Wut hilfreich, bei anderen etwas mehr kältere. Der Weg von der Utopie zur Wissenschaft scheint umkehrbar, wenn man die Parole »Eine andere Welt ist möglich!« schon für ein ausgewachsenes Programm hält. Aber vielleicht sind das Auf- und Abschwünge, vielleicht müssen ein paar neue Utopien sein, damit daraus wieder neue Wissenschaften werden können.

Daran, dass noch immer nichts Stringenteres zu haben ist als das, was der deutsche Flüchtling in England konstruierte, müssen nicht die Leute in den sozialpolitischen Chemielabors linker Theorie schuld sein. Es kann auch daran liegen, dass sie schlechtes Material verarbeiten müssen – an ihrer wirklichen gesellschaftlichen Lage also.

Niemand weiß derzeit, was sich ergeben wird, wenn jemand diese Lage ändert.

Lektüretipps

Die unten nicht genannten Werke von Marx werden nach den Marx-Engels-Werken (MEW) zitiert.

Brecht, Bertolt: Me-ti. Buch der Wendungen. Frankfurt a. M. 2000.

Condorcet, Jean Antoine Nicolas de Caritat: Entwurf einer historischen Darstellung der Fortschritte des menschlichen Geistes. Hrsg. von Wilhelm Alff. Frankfurt a. M. 1976.

Farjoun, Emmanuel Dror / Machover, Moshé: Laws of Chaos. A Probabilistic Approach to Political Economy. New York 1987.

Feuerbach, Ludwig: Das Wesen des Christentums. Stuttgart 1984.

Fülberth, Georg: G Strich. Kleine Geschichte des Kapitalismus. Köln 2015.

– Marxismus. Basiswissen Politik/Geschichte/Ökonomie. Köln 2014.

Hegel, Georg Friedrich Wilhelm: Vorlesungen zur Geschichtsphilosophie. Stuttgart 1989.

Herburger, Daniel / Herburger, Günter: Birne kann alles. München 1971.

Herres, Jürgen: Marx und Engels. Porträt einer intellektuellen Freundschaft. Stuttgart 2018.

Holz, Hans Heinz: Weltentwurf und Reflexion. Versuch einer Grundlegung der Dialektik. Stuttgart 2005.

Krumbein, Wolfgang [u. a.] (Hrsg.): Finanzmarktkapitalismus? Zur Kritik einer gängigen Kriseninterpretation und Zeitdiagnose. Marburg 2014.

Luxemburg, Rosa: Frauenwahlrecht und Klassenkampf. 1912. (http://www.mlwerke.de/lu/lua.htm)

Marx, Karl: [Gedichte]. Hrsg. von Bernd Jentzsch. Berlin 1970.

– Der 18. Brumaire des Louis Bonaparte. Mit einem Kommentar von Hauke Brunkhorst. Frankfurt a. M. 2007.

– Philosophische und ökonomische Schriften. Hrsg. von Johannes Rohbeck. Stuttgart 2008.

– [Thesen über Feuerbach]. In: Philosophische und ökonomische Schriften. Hrsg. von Johannes Rohbeck. Stuttgart 2008.

– Die Deutsche Ideologie. Mit einem Nachwort von Rahel Jaeggi. Stuttgart 2018.

Marx, Karl / Friedrich Engels: Manifest der Kommunistischen Partei. Stuttgart 2014. (Darin: Engels: Grundsätze des Kommunismus.)

Petty, William: A Treatise of Taxes and Contributions. 1662. (https://en.wikisource.org/wiki/Treatise_of_Taxes_and_Contributions_%281899%29)

Pohrt, Wolfgang: Theorie des Gebrauchswerts. Über die Vergänglichkeit der historischen Voraussetzungen, unter denen allein das Kapital Gebrauchswert setzt. Berlin 1995.

Postone, Moishe: Zeit, Arbeit und gesellschaftliche Herrschaft. Eine neue Interpretation der kritischen Theorie von Marx. Freiburg 2003.

Samir, Amin: Das globalisierte Wertgesetz. Hamburg 2012.

Smith, Adam: Der Wohlstand der Nationen: Eine Untersuchung seiner Natur und seiner Ursachen. München 1999.

Stirner, Max: Der Einzelne und sein Eigentum. Mit einem Nachwort hrsg. von Ahlrich Meyer. Stuttgart 1986.

Zeise, Lukas: Geld – der vertrackte Kern des Kapitalismus: Versuch über die politische Ökonomie des Finanzsektors. Köln 2012.